陈贵妹 / 主编

独行速 共行远

与广东省陈贵妹名教师工作室
共成长

中国出版集团　现代出版社

图书在版编目（CIP）数据

独行速　共行远：与广东省陈贵妹名教师工作室共成长 / 陈贵妹主编. — 北京：现代出版社，2021.10

ISBN 978-7-5143-9563-1

Ⅰ.①独… Ⅱ.①陈… Ⅲ.①中小学—师资培养 Ⅳ.①G635.12

中国版本图书馆CIP数据核字（2021）第210841号

独行速　共行远：与广东省陈贵妹名教师工作室共成长

作　　者　陈贵妹

责任编辑　袁　涛

出版发行　现代出版社

地　　址　北京市安定门外安华里504号

邮政编码　100011

电　　话　010-64267325　64245264

网　　址　www.1980xd.com

电子邮箱　xiandai@cnpitc.com.cn

印　　制　北京政采印刷服务有限公司

开　　本　710mm×1000mm　1/16

印　　张　12.5

字　　数　200千字

版　　次　2021年10月第1版　　2021年10月第1次印刷

书　　号　ISBN 978-7-5143-9563-1

定　　价　45.00元

目 录
CONTENTS

第一辑　教学论文

第二辑　教学案例

第三辑　教育随笔

第一辑

教学
论文

"班班通"与小学英语教学有效整合的尝试

普宁市流沙第二小学　陈贵妹

"班班通"工程，就是指网络布线通到班级，背投一体机、液晶触摸屏一体机或是电脑+投影机通到班级，远程教育资源在班级间共享。"班班通"与英语课程整合所涉及的并不是一个简单的信息手段如何使用的问题，而是将"班班通"有机地融合在英语教学过程中，使"班班通"技术与英语课程结构、课程内容、课程资源以及课程实施等融为一体，从而更好地完成课程目标，提高学生的信息获取、分析、加工、交流、创新、利用的能力，更好地培养其协作意识和自主能力。"班班通"与英语教学整合的目的是给学生创设一个自主探索、合作学习的环境，把学生的主动性、积极性充分调动起来。

一、利用"班班通"，创设情境，激发学生的学习热情

《义务教育英语课程标准（2011年版）》强调：语言学习要从语法讲解和单词死记硬背中解脱出来，要通过创设良好的语言环境和提供大量的语言实践的机会，使学生通过自己的体验、感知、实践、参与和交流形成语感。对于英语课程来说，语言环境的创设，语言运用的真实性和语言材料是否丰富是实现课程目标的有力保证。"班班通"强大的化抽象为形象的能力和方便易用的特性大大提高了课堂教学效率，激发了学生学习的热情。

二、利用"班班通"，丰富资源，培养学生的交际能力

《义务教育英语课程标准（2011年版）》提出：要积极开发课程资源，拓展学用渠道，英语课程要力求合理利用和积极开发课程资源；要积极利用网络信息技术等丰富的教学资源，拓展学习和运用英语的渠道；积极鼓励和支持学生主动参与课程资源的开发与利用。"班班通"的交互式电子白板相对于传统的多媒体教学（主要是课件播放），更便捷灵活，交互性更强，更能充分实现教师的教学设计意图，优化课堂教学结构，从而促进学习者英语思维的发展和英语能力的提高。利用"班班通"的交互式电子白板的视频播放等功能，可以给学生提供文字、图片、有声读物、动画和视频等形声结合、图文并茂的学习材料。这种以超语言、超文本辅助外语教学的形式能吸引学生进行会话练习，轻松愉快地进行语言交际。

在教学中，我尝试用"班班通"强大的网络功能下载《我的第一本亲子英文书》的PDF版及其配套的MP3，此书搭配幽默诙谐的彩色漫画插图，穿插童话故事，提供52个生活中最常出现的情景剧，让孩子学会从识记好记实用的单词到建构句型。例如：PEP小学英语六年级上册Unit 6 How do you feel? B Let's talk是讨论家人健康并提出建议的一个小对话，我选用《我的第一本亲子英文书》中的第23个情景剧"健康状况"辅助教学，让学生反复模仿和操练，然后让他们设置计算机处于静音状态，进行角色配音，并利用"班班通"的网络共享功能让其他学生点评。学生在虚拟现实的活动中增强了口语实际应用和反应能力，有效地培养了交际能力。

Scene23 健康状况。

Peter: Mom,I don't feel well.

Mom: Are you sick?

Peter: I feel dizzy.

Mom: Let me take your temperature.

Peter: Mom, I don't want to go to see a doctor.

Mom: Oh,honey,I think you've caught a cold.You should get a shot.

三、利用"班班通"，训练思维，培养学生的自主学习能力

"班班通"与英语课程整合，不是把"班班通"作为辅助教学或辅助学习的工具，而是强调要把"班班通"作为促进学生自主学习的工具和情感激励的工具，利用"班班通"所提供的自主探索、多重交互、合作学习、资源共享等学习环境，把学生的主动性、积极性充分调动起来，使学生的创新思维与实践能力在整合过程中得到有效的锻炼。例如，教学PEP小学英语六年级上册Unit 6 B Let's talk时，教师可以直接打开"班班通"的"优教·同步学习网"，在"个性备课"栏目找到教学素材Let's talk课文动画，这动画是flash文件，教师可以将字幕屏蔽，并将对话设置为静音，抛出问题："What is Mother going to talk with the kids？"学生带着问题观看视频，猜猜妈妈说了什么。有的说："Your dad is ill. I'm so worried."有的说："We can't go to the zoo."也有的说："Your father should see a doctor."这一活动能充分激活学生已有的知识储备，活跃学生的思维，大家都想知道自己说的与课文里Sarah的妈妈说的是否一样。

又如，教学六年级上册第一单元的词汇crossing，turn left，turn right，go straight时，教师可以设计任务：Be a tour guide，让学生分小组设计路线图。这时可以运用"班班通"的网络资源打开百度地图，搜索我们市区的地图，找到post office，bookstore，cinema，hospital等地点，再让学生用"班班通"的交互白板画出路线图并做介绍。交互白板支持在课堂教学师生交互情境中教育资源的现场创作和再加工，从而不断形成和积累可重复使用的新生的鲜活教育资源，有助于加强学生对学习内容的理解和学习能力的提高，进一步培养学生的探究精神，也更能体现学生的自主性学习。

"班班通"这一现代教育技术手段，教师要适时采用，科学使用，使"班班通"与英语学科的整合达到教学的最优化，必须要控制运用多媒体的时间，留下重点讲解和学生思考的时间，促进师生和学生之间的互动沟通，千万不能把课堂教学从传统的"一言堂"转变为现代教学技术伪装下的"屏幕堂"，让课内时间成为分享交流、师生互动、生生互动，完善知识结构的时间，让课外时间成为畅游网络世界，收集、整理资料，自主学习，初步构建知识的时间，

进而全面提高小学英语教学质量。

【参考文献】

［1］中华人民共和国教育部.全日制义务教育普通高级中学英语课程标准（实验稿）［S］.北京：北京师范大学出版社，2001.

［2］赵淑红.新课程课堂教学技能与学科教学小学英语［M］.北京：世界知识出版社，2007.

［3］张小皖.小学英语实用课堂教学艺术［M］.长春：东北师范大学出版社，2004.

基于"班班通"环境下小学英语语音教学的实践与思考

普宁市流沙第二小学　陈贵妹

"母语者更容易接受外国人在语音中所犯的语法错误，而不易接受难懂的需要自始至终全神贯注才能勉强听明白的糟糕发音。"

——布里吉特·亚伯和沃尔夫勒·施伦克尔（Brigitte Abel&Wolfram Schlenker）。

语音学习是小学英语学科重要和首要的任务之一，它是外语学习者所面临的最为重要同时也最为艰巨的任务之一，小学英语教师每时每刻都要考虑到学生语音语调的培养和训练。

一、形象引入，建立音形联系

对于PEP小学英语Let's spell部分的教学，针对小学生的特点，教师要设计巧妙的导入让他们感知字母及字母组合与发音之间的联系。开课伊始，教师可以充分利用"班班通"的网络资源，向学生展示由BBC的CBeebies频道制作的phonics启蒙动画Alphablocks。

教学片段一：

教授四（上）Unit 3 My friends A Let's spell o-e的发音，Lead-in导入环节，可以用Alphablocks第一季第26集引出重点内容的学习。

Watch a video about Magic e.

（设计意图：利用小学生熟悉的字母积木动画，引出重点内容o-e的学习）

Enjoy a chant.

（设计意图：从"班班通"丰富的网络资源中下载o-e的韵律歌谣，学生跟着节奏明快的chant练习o-e的发音）

修订版PEP小学英语Let's spell系统介绍的字母及字母组合的发音，均可以在Alphablocks中找到相应的影片（见下表），创设语言情境，引起学生注意，激发学习兴趣，使其感知新语言现象，形成学习动机，建立音形联系。

三年级上册	Phonics Song	26个字母的发音，让学生建立字母与发音的联系
三年级下册	Alphablocks第三季第3集、第三季第5集	5个元音字母在单词中发短音，学生学习字母的letter sound和letter name
四年级上册	Alphablocks第一季第26集、第四季第6-10集	5个元音字母在单词中发长音
四年级下册	Alphablocks第三季第20-21集	R-control Vowels
五年级上册	Alphablocks第三季第18集、第一季第12集、第四季第7集、第一季第2集、第一季第14集，第三季第22集	字母组合oo, ee, ea, ai, ay, ow的发音
五年级下册	Alphablocks第三季第11集、第一季第10集、第三季第13集、第三季第12集、第四季第5集	字母组合ch, sh, th, ng, wh等的发音

二、任务驱动，操练单词发音

学会语言不能没有感知，但仅仅满足于感知则永远不会言语。实际操练是进一步理解、巩固以至掌握、运用知识的重要步骤。教师应合理运用任务型语言教学，通过设计符合学生年龄特点的活动，为学生创设具体真实的语言情境，通过多样的操练来培养学生听、说、读、写的能力。"班班通"的交互式电子白板相对于传统的多媒体教学（主要是课件播放），更便捷灵活，交互性更强，更能充分实现教师的教学设计意图，优化课堂教学结构，从而促进学习者英语思维的发展和英语能力的提高。

教学片段二：

教授四（上）Unit 3 My friends A Let's spell o-e的发音，Practise操练环节。

A chant.

Old Mr. Jones.

Put the Coke on the note.

Old Mr. Jones.

Put the note on his nose.

Old Mr. Jones.

Put the Coke on the note.

Can old Mr. Jones.

Put his toes on his nose?

（设计意图：利用课本的chant，练习新学的4个单词，操练做到词不离句、句不离篇）

Finish three tasks.

T:Bob gave another note to Mr. Jones. He asked Mr. Jones to finish three tasks. Let's help Mr. Jones.

（设计意图：通过帮Mr. Jones完成三项任务顺利去见他的朋友Bob，学生在完成任务的过程中检测了自己对刚学的o-e的掌握情况。三项任务从易到难，循序渐进）

Task 1: Read out loud.

（设计意图：学生利用单词书，在小组长的带领下，边拼读边写单词，这种适当的拓展有利于学生更系统地掌握读音规律，而不仅仅局限于几个单词中的字母发音）

Task 2：Read，listen and tick.

Task 3：Listen，circle and write

三、自主阅读，检测学习效果

语音学习的最终目的是学生能自主阅读。教师可以充分利用"班班通"所提供的自主探索、多重交互、合作学习、资源共享等学习环境，把学生的主动性、积极性充分调动起来，使学生的创新思维与实践能力在整合过程中得到有效的锻炼，提高语音教学的实效。

教学片段三：

教授四（上）Unit 3 My friends A Let's spell o-e的发音，Consolidation巩固环节。

a. Picture Hunt.

（设计意图：利用"班班通"强大的网络功能，登录starfall.com，学生边读单词边找正确的图片，做到音、形、义、用相结合，既巩固了读音，又可以扩充单词量）

b. Read a story. A robot and Mr. Mole

（设计意图：Phonics是学习单词的基础，Phonics自然拼读学习能有效扩充单词量，利用Phonics进行教学，最终目的是学生能自主阅读。小故事虽然很简单，但starfall.com为每句话都配了一个小动画，增加了故事的趣味性）

四、总结

语音学习在外语学习中的重要性毋庸置疑，它直接关系和影响小学英语教学目标的实现，也直接关系到字母、词汇和句型、课文的学习。"班班通"为学生提供文字、图片、有声读物、动画和视频等形声结合、图文并茂的学习材料，学生可以通过大量的接触和实践习得正确的英语语音语调，为英语学习打下良好的基础。

【参考文献】

［1］赵淑红.新课程课堂教学技能与学科教学小学英语［M］.北京：世界
知识出版社，2007.

［2］刘莹，谢乃莹，王晓东.小学英语典型课示例［M］.长春：东北师范
大学出版社，2003.

巧用"班班通",提升小学英语学困生的学习内驱力

普宁市流沙第二小学 陈贵妹

有研究指出,小学英语学困生致困的主观原因为内驱力的缺失,如学习动机的缺失、学习兴趣的转移、学习成就的迷失等。学习内驱力包括三个方面的决定成分,即认知内驱力、自我提高内驱力及附属内驱力。实践证明,巧妙运用"班班通"能有效提升小学英语学困生的学习内驱力。

一、巧用"班班通"搭建起和谐快乐平台,提升学困生的认知内驱力

认知内驱力(Cognitive Drive)就是一种求知的需要,是指学生渴望认知、理解和掌握知识,以及陈述和解决问题的倾向。若要提高学生的认知内驱力,最好的办法之一是使学习情境具有吸引力。巧用"班班通"能营造一种和谐的英语教学环境,紧紧"拴住"学困生学习英语的心。

1. 课前使用,创设乐学氛围

课前两三分钟教师可以充分利用"班班通"的网络资源优势,向学困生展示由BBC的CBeebies频道制作的phonics启蒙动画Alphablocks。每个alphablock都是故事里面的人物角色,这些alphablock通过不同的组合给孩子们展示了一个个非常有趣的word's magic。以第一季第2集为例,介绍字母e,出场就是e在不

断的发自己的音/e/，当它与b和d组合在一起时，就有一张bed变出来，接着bed变成red，相应地，床就变成了红色的。这一套动画视频中的字母积木的形象非常生动，发音纯正，节奏感强，故事情节也很吸引孩子们。看完这套影片，孩子们就能掌握26个字母及字母组合在单词中的发音规则，建立字母及字母组合与发音的感知，慢慢地就会达到"看字读音，听音辨字"的神奇学习效果，真正地把学困生从死记硬背单词中解救出来。

另外，"班班通"的网络资源非常丰富，在课间10分钟，教师可以反复播放phonics song的视频，这首动感十足的歌曲能有效调节学生的情绪，让学生身心放松。更重要的是，学困生受这首歌曲的影响，在课后总会不断地吟唱："/æ//æ/apple，/b//b/ball，/k//k/cat，/d//d/dog...This is the phonics song. It goes like this：The names of the letters are ABC，the sounds of the letters are /æ//b//k/." "班班通"的网络资源真正让学困生感受语言的魅力，激发他们学习的热情，唤起他们对知识的渴求。

2. 课中使用，创设主动学习情境

美国著名心理学家、教育家布鲁姆说过："成功的外语课堂教学应当在课内创设更多的情境，让学生有机会运用已学到的语言材料。"巧妙运用"班班通"大量的网络资源信息，就可以变以往按部就班的传统教学为学生真正感兴趣的"网上冲浪"。

例如，教学PEP小学英语六年级上册第一单元的词汇cinema，hospital，bookstore，post office等，如果用传统的教学法仅靠一块黑板、一支粉笔和一张嘴或一张图片，强调学生跟着读、记、背，这是鹦鹉学舌，会使学生感到枯燥乏味，而学困生更提不起学习的劲头。这时教师如果能巧妙运用"班班通"的网络资源打开百度地图，搜索我们市区的地图，找到这几个地点再进行教学，效果将大不一样。学生就住在这个地方，对这张地图上的每个地点都再熟悉不过，它帮助学生将这几个表示地点的英文词汇与客观事物建立起了直接联系，避免通过母语中转翻译，极大地吸引了学生的注意力。学生注意力集中了，学习单词也变得相对简单些了。接下来对重点句型 —Where is the...? —It's near...的操练更是水到渠成。

"班班通" 创建数字化的学习环境，创设主动学习情境，把文字、声音、图像等融为一体，创设学生主动参与语言交际的真实情境，让学生走入情境、理解情境、表演情境。学生在真实的情境中体验学习的乐趣，保持学习英语的兴趣。

二、巧用"班班通"定制弹性化教学目标，提升学困生的自我提高内驱力

自我提高内驱力（ego-enhancement drive）是指个体由自己的学业成绩而获得相应的地位和威望的需要。学困生在学业上连续遭受失败的打击，会使他们的志向水平降低，导致他们退缩和回避。这就要求教师不能过于强调教学目标的统一，应该定制弹性化教学目标，让学困生不断地获得成功，在成功中进取，在获得中提高。

学期刚开始时，教师可以将每单元各部分的教学目标设置为拓展、达标和下限几个不同的层次，并通过"班班通"的电子白板用PPT的形式向学生展示。以单词教学为例，可以设置用单词造句的拓展目标、能默写并理解单词的达标目标以及能流利朗读单词的下限目标；而关于对话教学，我们可以设置背诵并仿照课文自编对话的拓展目标、理解并流利朗读对话的达标目标及能理解对话意思的下限目标。同时教师还可以借助"班班通"的"网上作业"功能针对不同层次的学生发布个性化的网上作业，及时有效地对学生的学习情况做反馈。

例如，PEP小学英语六年级上册 Unit6的目标词汇为表示感觉的happy，sad， worried等，教师为该节课设置的下限目标为：能理解并流利朗读单词。这样一来，学困生不会再因为无法完成背诵任务而愁眉不展，他们只要能大声开口说读单词，就能得到老师的肯定和褒奖。接着教师可以合理利用"班班通"的资源库发布作业，选择较易的题目作为学困生的作业，使他们能"跳起来摘果子"，让每个学生能从自己的水平线上得到较好的发展。有了成功的体验，学生的自我提高内驱力就会被唤醒，就会朝着自己喜欢或个性化的方向不断进取。

三、巧用"班班通"搭建高效家校互动平台，提升学困生的附属内驱力

附属内驱力（affiliated drive）是指为了保持长者们（如教师、家长）或集体的赞许或认可，而表现出要把学习或工作做好的一种需要。家庭和学校合作有利于激发学生的附属内驱力。学校和家庭相互协调，将发挥最大的教育功能。

传统的家校联系方式只能借助电话或开家长会的方式，增加了教师的工作量，加大了教师的工作强度。通过"班班通"这一平台，家校双方能够及时方便地传递信息，解决了家校之间沟通难的问题。

教师可以通过"班班通"进行同步导学和网上作业辅导；学生可以进行知识点自主评测、观看名师课堂、拓展知识视野，并向名师提问；家长可以同步辅助孩子学习，实现家校互动。同时，"班班通"以优质数字教育资源建设与共享为核心，可以让学生在成长过程中得到更多关爱，给学校和老师提供方便、快捷、高效率的沟通渠道。教师可以通过"家校互动"平台对学困生家长发信息，反映他们的孩子在校的表现。比如："你的孩子真棒！他今天能正确流利地朗读对话了！""你的孩子虽然基础薄弱，但他听课很认真，今天他在课堂上举手回答了我的问题。咱们一起为他加油吧！"当学困生感到老师和家长在为其发展而共同努力时，他们会因此而受到极大的鼓舞，产生向上的动力，激发成就感，并最终转化为进取的实际行动。在家校的共同努力下，学困生的英语学习水平有了整体进步。

"班班通"已经成为小学英语教师教学的工具、学生学习的工具以及构建学习环境的工具。它极大地提升了学困生的学习内驱力，有效改善了学困生的学习，减轻了学困生的学习负担，革新了传统的学习观念，改善了学困生的学习方式，为学校教育教学发展注入了新的活力，推动了师生的共同进步和学校教育事业的大提升，促进了教育的均衡发展。

【参考文献】

［1］伍德沃克.教育心理学［M］.陈红兵，等，译．南京：江苏教育出版社，2005.

［2］赵淑红.新课程课堂教学技能与学科教学小学英语［M］.北京：世界知识出版社，2007.

谈如何培养小学生学习英语的兴趣

普宁市流沙第二小学　陈贵妹

爱因斯坦说过，"兴趣是最好的老师"。兴趣是间接推动学生积极学习的内在动力，也是学生学习成败的因素。小学生年纪小，好新奇，喜活动。当英语以陌生的面孔，异样地走进课堂，自然吸引了学生们的所有注意。这就要求教师从一开始就要注意激发学生的学习兴趣，中途更不能忽略抓住学生注意力这一环节。

一、情感投入　以生为本

《义务教育英语课程标准（2011年版）》明确提出：在英语课堂中教师应自始至终地关心学生的情感，努力营造宽松、民主、和谐的教学氛围，去尊重每一个学生，积极鼓励他们在学习中尝试，保护他们的自尊心和积极性。在英语教学中，教师必须以情感投入，做学生平等的朋友，以生为本，充分发挥他们学习主体的作用。热爱、尊重学生是教师的职业道德。从学生的年龄特点和心理特点的需求来看，学生更希望教师热爱、尊重、信任他们。教育家认为，没有情感的地方就没有智慧的灵魂，没有情感的教育是失败的教育。在融洽的师生关系中，学生的想象力和创造力都会得到充分发挥。教师看似无意的一个手势，一句话语，一缕目光，都会给学生造成或大或小的影响。因此，在上课前教师应调节好自己的情绪，以和蔼可亲的态度对待学生，用轻松活泼的语调感染学生，消除学生的紧张感，激发学生的学习兴趣。例如，每节课都亲切地用英语先和学生问好：How are you today?　Nice to see you again! 看到学生到齐时说：Good, we are all here today.当有同学生病无法到校时说：I'm sorry to hear that.I hope he/she will be well soon.这样学生知道教师首先关心的是他们的身体健康，与教师的距离也会拉近一大步。当学生答对问题时，应给予适当的表扬：Good! Great! Wonderful!　Excellent! 当学生不敢回答问题时，教师应及时鼓励：Just have a try. Don't be so shy.当学生回答错误时，更应对他微笑地说：Never mind. Try hard next time. I'm sure you can do it better. 这时，教师切忌心烦气躁地说：It's so easy, why can't you do it?

教师对学生要有一种发自内心真挚的爱，这种爱表现在对学生身心健康、学习情况的关心；掌握学生的生理、心理特点，给学生以情绪上的支持，善于用真诚的赞赏、表扬和鼓励来激励学生的学习热情；在耐心教导学生的同时，理解学生，尊重学生的意愿，建立良好的师生关系，创造良好的班级学习气氛。"亲其师，信其道"，学生只有感觉与教师的距离很近，愿意亲近教师，才能乐于学习教师所教的知识。

二、灵活教法　激发兴趣

教法的运用关系着课堂教学的成败。灵活多样的教学方法，能够使课堂教学充满生机和活力。在小学英语教学中，我们要创造性地选择不同的教学方法，因地制宜，因材施教。教师必须针对学生天真活泼、好表现的心理特点，积极挖掘教材本身所蕴含的快乐因素，创造快乐学习的方法。

1. 游戏激趣

安静的课堂，对英语教学来说不一定是好课堂，英语教师应该让学生积极参与，让课堂气氛活跃起来。根据小学生的特点，遵循趣味性和交际性原则，将一些新颖有趣的微型活动和交际运用活动引入课堂中，不失为课堂气氛的催化剂。PEP教材趣味性较强，课文的Let's do.和Let's chant.部分备受学生欢迎。学生常常会在游戏、活动中自发行动起来。例如，对于枯燥无味的单词，复习时学生都会觉得没趣，如果用Bingo游戏，学生的积极性立刻被调动起来，每个人都想把握住机会，赢得小奖品。又如，可以放手让学生大胆地为Let's do.设计动作，以小组为单位，看哪一组设计得最好，老师再给予他们小奖品。由他们自己设计动作，做起来简单又易记，而且还可以调动学生们的学习热情，更好地把所学知识运用于实际。

2. 儿歌激趣

儿歌韵律优美且朗朗上口，我们可以在教学中运用教儿歌的方法来促进教学。平时上课，单纯地唱英语歌曲已不能充分调动学生的积极性，这时我们就可以用儿歌，如：Body song. Come on, everybody, let's move to the beat, get your whole body in it and start with your feet, your feet, two three one; your legs, two three one; ...让学生动动手，踩踩脚，点点头，这样既可以让他们伸展肢体，得到休息，也为下半节课教学的顺利开展做了铺垫。

3. 情境激趣

学习外语的目的是用来交际。创设情境，让学生在一定的语言背景下进行对话是语言实践的一种重要形式。小学生具有爱玩、爱表现等特点，及时创设情境，让学生思维活动起来，进行对话，不仅能够提高学生学习的积极性，而且给学生提供了理解语言功能的外部条件和语言实践机会，使他们在走出英语课堂后仍有兴致用英语对话。

（1）培养"与人交流"的兴趣

教师在课堂上坚持用英语组织教学，在日常生活中指导、鼓励学生运用英语。如教师在遇见学生时，用英语跟他们简单地对话：Hi! How are you? 也可以让学生与学生进行对话，可以让他们畅所欲言，谈家庭，谈老师，谈学校……对于敢开口的学生给予小奖励，对于比较害羞的或不敢说出口的一定要加以鼓励，告诉他们只要努力没有做不到的。长期坚持下去，学生定能养成随口说英语的习惯。这不但可以提高学生的口语水平，而且可以培养学生学习英语的稳定兴趣。

（2）培养"当小老师"的兴趣

抓住学生爱表现的心理特点，给学生机会当"小老师"，这对于他们来说是一种莫大的鼓励，对他们的学习也是一大帮助。在课堂上，学生可以当同学的"小老师"。如可以让一些学得好的同学当"小老师"，在课堂上分角色带读。让会画画的学生在黑板上画简笔画，带读单词。但要注意避免好学生的优越感伤害落后较多的学生。这就要求教师在课前对落后学生进行个别辅导，让他们在课堂上也能一展才干，又能减轻教师的负担，同时可以培养学生互相帮助的美德。

（3）培养"当小演员"的兴趣

在课堂上，教师可以让学生分角色表演课文内容，也可以让学生自主改编课文内容。例如，在教学与打扫教室有关的内容时，学生自发组合在一起，他们很快就将"戏"演活了，有的擦门窗，有的擦桌子、椅子，个个争先恐后。这样不但激发了学生学习的兴趣，还培养了学生正确的学习动机。学生既掌握了句型，又培养了从小爱劳动、爱清洁的良好习惯。又如，学完了"衣服"这一单元，很多学生都围绕自己设计的衣服进行对话，真像一个时装大赛。这不仅能帮助学生在生活中恰当地运用英语进行交流，还能促进学生的团结和协作。

三、积累运用　稳定兴趣

我们在学生有了一定的英语听说能力的基础上，鼓励学生收集摘抄身边的英语，坚持每天用英语写一句话，每周写一篇英语短文。学生会发现英语随处可见，运用的机会也很多，就会渐渐地习惯运用英语与人交流，从而稳定学习英语的兴趣。学生所收集的词语和句子都有很强的实用性，他们积累相当多的课本里没有的知识。通过积累，他们认识了很多明星，像Iverson，Kobe，James等。Iverson is cool. We are proud of Yao Ming.这些都是他们写出来的句子。通过积累，学生懂得了CCTV，MTV，UFO，WTO，PC，BANK OF CHINA……

小学英语教学重在激发和培养学生学习英语的兴趣，教师激发学生的学习兴趣和求知欲，是为日后的教学排难、铺路、搭桥。兴趣是最好的老师，兴趣是学习动力的源泉，兴趣能提高学习的效率，稳定的兴趣是学习成功的基础。教师要致力于学生起始阶段兴趣的培养，更要致力于学生稳定兴趣的培养。

我想说，我会说，我乐说

——浅谈小学英语口语教学

普宁市流沙第二小学　陈贵妹

语言作为交际的工具，说是首要的和必需的。然而在实际教学中，让小学生开口说英语却是件难事。学习英语不会说便成了"聋哑英语"，这与时代发展的脉搏不相适应。因此，小学英语教师要想方设法尽量启发、诱导、激励学生产生说的欲望，产生说的积极性，让学生想说、会说并乐说。

一、渲染氛围，学生"想"说

在语言学习的过程中，必须有足够的语言输入，输入越多，输出才有基础。作为教师，我们应该做到从第一节课开始，就坚持用英语组织教学。

每个学期的第一节课我都不会急于讲授课本的新知识，而是先用英语做简单的自我介绍：My name's Melody. You can call me Miss Chen. I'm very glad to be your teacher this term. I also want to be your friend. Let's work hard together. 不可否认，只有部分学生能听懂，更多的学生是疑惑的。但我借助表情、动作、手势等来表情达意，学生很愿意听我讲。这样他们在课后会津津乐道我的言行，积极模仿我的语音语调，为其开口说英语起到潜移默化的作用。

为了使交流更自然，我建议学生都起个英文名字，可以自己起，也可以请老师帮忙起。当每个学生都有个响当当的英文名字时，他们会觉得英语离他们越来越近，会觉得英语很有趣，这也能激发他们说的兴趣。

由于班上学生人数多，用英语进行课堂调控也需我们多花心思。当要学生进行各种操练时："T：Head, shoulders, knees and toes! Ss: Everybody, go go go!"可以使学生打起精神投入操练中。当自由活动结束后要求学生安静时："T：One, two, three! Ss：Sit up straight."可以让学生立刻坐直。当学生注意力不够集中时："T：A, E, eyes on me! Ss：I, O, U, eyes on you!"可以拉回学生分散的注意力。

二、创设情境，学生"会"说

教材中所安排的内容绝大多数是生活用语，学了就能用。因此，教师要带头学以致用，课上课下，有条件就用。如Give me...这个句型的教学。我将自己的手提袋带到教室辅助教学。学生还会加入以前学过的句型：Would you please...? 向我要手提袋里的东西。"S1：Would you please give me your mobile phone，Miss Chen？T：Sure，here you are！S1：Thank you."我真把手机递给了这名学生。此时，所有学生都有了精神，他们都想看看我还有哪些东西，所以都跃跃欲试，积极开口，充分运用已学的词汇进行提问。S：Would you please give me your mirror/ comb/ keys to your house/ ...? 课后，我走到学生中去，对他们说：Would you please give back my mobile phone/ ...? 学生一一把物品还给了我。

让学生开口说的内容如果与老师有关，他们都会极感兴趣，不需要教师逼着学生说，而是学生乐于主动开口说。如教学PEP小学英语六年级上册Unit 1 How do you go there? 时，我会让学生猜猜我的家人是如何去上学或上班的。教学Unit 2 Where is the science museum? 时，我先画了一张地图，标示出从学校到我家的路线，学生都会热情高涨地用所学知识Start from...，go straight for ...，then turn right 说出如何到达我家。教学Unit 3 What are you going to do? 时，我将自己的周末计划写在小纸条上让学生猜猜我的计划，学生两人一组，其中一位扮演"我"，说得不亦乐乎。

Pair 1：

A: What are you going to do on the weekend, Miss Chen?

B: I'm going to read a book.

Miss Chen: Sorry, I'm not going to read a book. Try again.

Pair 2：

A: Are you going to the cinema on Saturday evening, Miss Chen?

B: Yes, you are right.

Miss Chen: Good job! I'm going to the cinema.

三、巧用Free talk，学生"乐"说

另外，Free talk也是一项行之有效的口语训练方式，我利用每节课的课前两三分钟让学生做"课前展示"。学生每四人一小组，轮流进行。在这项训练中，每个组有一个小组长，学生有充分的自主权，可自拟话题并提前准备。此项措施可以使所有学生都有机会说英语并敢于开口讲英语。说的内容可多可少，贵在坚持，只要坚持就可以习惯成自然。我尝试以树立榜样的方式激励其他学生多讲英语，即表扬那些课后主动用英语和老师打招呼、平时敢于说英语的学生，让学生充分认识到英语学习的最终目的是要在生活中用英语。例如：在学完了Unit 3 What are you going to do？后，学生综合运用所学知识，编出了精彩的对话并在班上表演。

Castle: It's a sunny day.

Wendy, Andy & Jay: Yes! Where are you going?

Castle: I'm going to the park.

Wendy, Andy & Jay: Let's go together.

Wendy: How do we go to the park?

Andy: It's near here. We can go on foot.

(Walking on the road)

Castle: Oh, no! We are walking the wrong way.

Andy: Really?

Castle: Yes. The park is near the post office. But the post office is over there.

Wendy, Andy & Jay: Oh, dear!

又如，学完过去式的有关内容后，学生能灵活运用语言材料，在模拟的真实环境下运用英语，将课堂知识运用到恰当的生活场景中，达到英语教学的真正目的。

Annie, Norma: Hi! Good morning!

Minnie, Winnie: Good morning!

Norma: How are you, Annie? You look so sad.

Annie: Yes, I'm sad, because my grandpa's leg hurts.

Minnie: I'm sorry to hear that.

Winnie: Did you visit your grandpa?

Annie: Yes, I did.

Norma: Is it serious?

Annie: Nothing serious.

Winnie: Don't worry! Everything will be all right.

Annie: Thank you!

建立起有效的课堂评价机制可以直接影响学生学习英语口语的积极性与主动性。学生参与的课前展示，就是以小组为单位进行的，同时也以小组为单位进行评比。评比分三个等级：A.能灵活运用语言材料，在虚拟的情境中进行真实的交流，语言流畅，有一定的创造力和感染力。B. 能恰当地运用语言材料，在虚拟的情境中进行较真实的交流，语言较流畅。C. 能根据语言材料进行基本的交流。小组评价促进了小组内的合作和交流，并发挥了学生之间相互监督和鼓励的作用，促使每个学生都参与口语学习活动。

总之，培养小学生的口语能力并非一日之功，强化口语教学的关键在于引导学生开口讲英语，教师应尽量启发学生说，保护学生说的积极性，提高学生英语口头表达能力。

【参考文献】

［1］中华人民共和国教育部.全日制义务教育普通高级中学英语课程标准（实验稿）［S］.北京：北京师范大学出版社，2001.

［2］赵淑红.新课程课堂教学技能与学科教学小学英语［M］.北京：世界知识出版社，2007.

［3］张小皖.小学英语实用课堂教学艺术［M］.吉林：东北师范大学出版社，2004.

［4］冬青.小组合作中不该被遗忘的角落［J］.中小学外语教学，2006（3）.

小学生英语语音学习困难的对策

普宁市流沙第二小学　陈贵妹

语音即语言的声音，是语言的物质外壳，是语言符号系统的载体，在语言中起决定性的支撑作用。语音包括音素（phonetics）、重音（stress）、节奏（rhythm）和语调（intonation）。《义务教育英语课程标准（2011年版）》要求学生"了解简单的拼读规律；了解单词有重音，句子有重读；了解英语语音包括连读、节奏、停顿、语调等现象"。自然规范的语音语调将为有效的口语交际打下良好的基础。然而我们在小学英语教学实践中发现，学生语音学习的效果不尽如人意。学生学习英语语音存在的问题主要有以下几个方面：（1）学生单词辨音能力差，相似发音易于混淆或发音不到位；（2）学生缺乏拼读单词的能力，无法将单词音、形联系起来，按照音、形、义相结合的正确方法识记单词；（3）词句朗读拖音，加音较严重；（4）学生习惯于背诵，而不擅长朗读。在对课文进行学习时，重音、语调、节奏等语流现象很少受到重视。语调单一，只能达意不能表情，没有韵律节奏。

教师如果在启蒙阶段给学生打好语音基础，使他们形成一定的认读、拼写能力，养成根据读音规则拼读、记忆单词的习惯，无疑会减少单词记忆的负担，提高英语学习的效率；帮助他们形成良好的语感和读写习惯，无疑可以增强他们学好英语的自信心，为以后进一步学习英语奠定扎实的基础。

一、用chant进行语音教学

PEP小学英语在四年级上册Read and write中，列出了26个字母及例词，了解元音字母、辅音字母在单词中的发音；在四年级下册Read and write中，呈现5个元音字母在单词中长短不同的发音；在五年级上册Pronunciation中，编排了22个常见字母组合的发音，并用绕口令形式将含有这些字母组合的单词整合成趣味句子。整套教材系统地列举了44个基本音。我们可以用chant帮助学生掌握字母及字母组合的发音。chant读起来朗朗上口，文字简练，通俗易懂，易读，节奏感强，有韵味。在小学英语教学中，通过说唱chant，练习发音、节奏、连读、语调等是一种简捷有效的好方法，既充分调动了学生的学习兴趣和积极性，也让学生在美的熏陶中获取英语语感。

Example 1：The little cat

The little cat is mad.

The little cat is sad.

The little cat feels very bad.

Little cat, little cat,

Why are you so mad and so sad?

Example 2：Good, better, best

Never let it rest,

Till good is better,

And better is best.

Example 3：Bear, bear, there is a bear.

Pear, pear, there is a pear.

Bear, bear, where is a bear? —On the chair.

Pear, pear, where is a pear? —On the tree.

二、用绕口令进行语音教学

绕口令可以有效地训练学生说话口齿清晰的能力，有助于他们分辨一些类似的元音和辅音，还能提高他们学习语言和语音的兴趣。教师编写的绕口令能够真实地运用在语境中，且尽量用简单句；同时，在编写绕口令时，教师一定要先决定绕口令的训练目的，利用学生学过的词汇编一些例子，并要求学生反复、连续朗读，在正确朗读的基础上再加快速度。

（1）Mike likes to ride a white bike, and fly a white kite.

（2）This is a pig. It is big. The big pig is digging.

（3）The doctor is often in the hospital.

（4）The brown cow is out now.

（5） Good cookies could be cooked by a good cook if a good cook could cook good cookies.

在读的时候，我们应允许学生先慢慢读出来，再要求他们快速读出来，每个学生都感到快速读绕口令是一件非常好玩的事情，孩子好玩的特性一下子被调动了起来，整个课堂气氛非常活跃，许多同学意犹未尽。

三、用故事进行语音教学

PEP小学英语五年级上册Unit 2 Part C Pronunciation.部分的教学，教师可以把C部分提供的含有字母组合ow、ou发 ［au］音的单词编成一个故事，让学生在阅读故事的过程中找出发 ［au］音的单词，并且把学生分成两大组，采用龟兔赛跑的竞赛方式，每说一个单词就向前走一步。比赛哪组的同学找得最多最快，最先到达终点站。故事内容如下：

One day, a country mouse wants to visit his friend in the town. But he doesn't know the way. He walks and walks, and he sees a brown cow under a tree. He stops and asks him："brown cow, brown cow, how can I go to the town？" Brown cow answers, "It's far from this mountain, I don't know." "Thanks! I must go now." says the mouse.

And then he walks and walks. After an hour later, he sees a small house. In front of the house, there is a horse. Its mouth is very big. He stops and asks him："Mr. Horse, how can I go to the town？" "Are you kidding？ The town is over there, isn't it? " says the horse.

　　语音学习在外语学习中的重要性是毋庸置疑的，但小学阶段对语音的要求并不会面面俱到，学生至少需要掌握字母拼读，能根据重音朗读单词，对节奏和语调有一定的感受能力。作为英语教师，我们始终要不断地提高自身的教学素养，积极地进行教学研究，努力培养学生良好的语音语调的习惯，为其进一步学习英语打下坚实的基础。

【参考文献】

[1]张洲，尹绍春.课程标准2011导读与教学实施小学英语［M］.北京：北京理工大学出版社，2012.

[2]赵淑红.新课程课堂教学技能与学科教学小学英语［M］.北京：世界知识出版社，2007.

小学英语大班型教学方法的优化

普宁市流沙第二小学　陈贵姝

我国中小学的授课班级一般都很大，少则三四十人，多则七八十人。一个班学生人数多，课堂秩序容易混乱，难以控制，学生不专心，师生缺乏交流，学生单独操练的机会少，教师会顾此失彼。不过，厄尔（Penny Ur，1996）所做的研究认为：大班众多学生的不同经历、多样意见、广泛兴趣和开阔思路，都可以为课堂的交互活动提供更多的资源；更多不同的学生进行实际接触可以让学生认识更多人的价值观和各种类型的人格特征，增加对人的了解；大班的教师不能关注班里的每一个学生，这就意味着教师必须营造合作的氛围，促进学生共同合作、互相帮助，从而培养合作互助精神；大班教学使教学工作更具有挑战性和趣味性，为教师提供了创新和改革的机会。厄尔的研究对我们的教学具有很强的指导意义，我们应采取相应的教学策略，优化教学方法，发挥大班教学的优势并克服它的弊端，才能提高教学的实效。

一、让教学目标弹性化

一个大班里的几十个学生来自不同的家庭，生活环境、家庭背景、学习背景各不相同，这些必然导致他们在智力、学习动机、学习习惯及学习策略等方面存在差异。在实际教学过程中，如果过于强调教学目标的统一，而忽视学生个体间的差异，那么教师安排的教学目标和要求往往适合一些学生而不完全适合另一些学生。

《牛津小学英语》按"话题—功能—结构—任务"相结合的原则编写，每个单元分为A、B、C、D等部分，我在学期刚开始时就先将每单元各部分的教学目标设置为拓展、达标和下限几个不同的层次，并将它制成表格粘贴在教室的布告栏上。以单词教学为例，可以设置用单词造句的拓展目标，能默写并理解单词的达标目标，能流利朗读单词的下限目标；而关于对话教学，我们可以设置背诵并仿照课文自编对话的拓展目标，理解并流利朗读对话的达标目标以及能理解对话意思的下限目标。科学地制定差异教学的目标，对各层目标的完成，不必强求时间和量的统一，适当放宽时间限制，允许学生在不同的时间和条件下完成不同的目标。实践证明，几乎所有学生的学习热情都有所高涨。

《牛津小学英语》6B Unit1是形容词比较级的学习，学困生不会再因为无法完成背诵任务而愁眉不展，他们只要能开口大声说读单词young, younger, tall, taller, short, shorter, strong, stronger, heavy, heavier和句子Who's taller than Mike 等，就能得到老师的肯定和褒奖。中等生学起来也不吃力，这样他们也会信心十足，甚至有的还敢于向拓展目标发起挑战。如 Jim已经能轻松地把"四会"要求掌握的单词都默写出来了，他决定挑战优等生，自己仿照课文写对话。而优等生的竞争意识更为强烈，他们会努力学习更多的知识，写出更多更精彩的句子、对话和短文。如 Edward综合运用所学知识写了一篇非常精彩的短文：

Two years ago, I was 155cm. My brother was 2cm shorter than me. He plays ball games this year, so he's taller and taller. Now he is 15cm taller than before. Do you know my brother's height now?

二、让每个孩子都充满自信

"没有自信，就是没有成功。"教师一缕肯定的目光，一句关爱的话语，都有助于学生自信心的建立，教师要经常运用表情、语言告诉学生"你真棒""你能行"。

我刚接手六年级两个班的英语教学时，发现有些学生一个单词也不会认，一个句子也不会说，甚至有人跑到我跟前说："老师，你不用教我了，我是学不好的。"对这部分学生我利用课后时间，让他们到办公室，亲自再教一遍，并面带微笑地鼓励他们："Gavin，你的声音真够响亮！""Hanks，你模仿得真好！""Jane，你读得不比Miss Chen差嘛，怎么能说你学不好呢？"可以看到的是，他们脸上的紧张不见了，焦虑消失了。下一节课，我听到了他们响亮的跟读声，看到了他们记笔记时的认真劲儿，感受到了他们自信的喜悦。

三、让每个孩子都参与到课堂中来

小学生的英语学习主要是在课堂中完成，如何让每个孩子都参与到课堂中来，是影响教学效果的关键所在。我们可以将大班小组化，让学生以小组为单位进行评比，采用口头表扬和精神鼓励的奖励方式，让每一项奖励都与学生学习的各方面联系起来。这样一来，每个学生都有机会获得表扬，学习积极性在很大程度上被调动起来。

1. 团结协作，做好"课前展示"

课前两三分钟是值日生作报告的时间，我把它定为show time，要求以小组为单位轮流完成，内容、形式不限，但一个轮回里要保证组里所有学生都参与过"展示"。首先，学生要先回答我的几个常规问题：Who's on duty today? What is the date? What day is it? What's the weather like? 接下来就是各组各显神通的时间了。

组长负责人员的分配，组里学习优秀的学生充当"写手"，他们负责收集可以展示的内容，其他的同学就是做好配合工作。例如：刚学完一年四季的相关内容，组长分配Michael写一篇小短文*My favourite season* 交给中等生Kevin在"课前展示"时给全班同学说一说这篇短文的内容。又如：学完歌曲*Excuse Me*，组长分配Alice和Sarah逐个教学困生Ben，Mary，Andy和Rose，再让他们四个在"课前展示"时将歌曲唱给大家听。再如：学完一篇关于Nancy的钱包被偷的短文后，组长分配Nidia，Lynn，David和Lidia给大家表演了一出"警察捉小偷"的好戏。

轮到值日的组做"课前展示"时，其他组的组员并非无事可做。我设"纪律奖"奖励纪律好的组，设"最佳听众奖"奖励听完同学"展示"后能回答相关问题的学生，设"求疵奖"奖励能找出同学"展示"时小错误的学生。

2. 取长补短，开展"一帮一"

在课堂上，我经常开展小组竞赛：比一比哪个小组的新词全过关了，比一比哪个小组有搭档最先掌握新学对话，比一比哪个小组会唱新学歌曲的人数多，等等。同一个小组内，学生的学习水平有高有低，在集体荣誉的感召下，学习困难的同学主动请教学习好的同学，给自己请"小老师"；学习好的同学也乐于主动帮助学困生。"一帮一，同学习"蔚然成风。在完成任务的过程中，学生相互合作、相互帮助，培养了团队精神。

例如，《牛津小学英语》6B Unit 3的B部分是几个地点单词的学习，其中primary school, history museum的发音是学习的难点。我发现各组中的优秀生都能把单词运用在句子里，说得很不错。如：Can you tell me the way to the History Museum, please? I'm going to the shopping centre. The post office is on the left.等等。但部分学困生还无法掌握单词的正确发音。这时我设计合作性竞赛，让学生在小组里自由学习3分钟，最后看小组得分，哪一组说对单词最多就获胜。Sally，Gary，Minnie等"小老师"立即转向他们各自的"学生"，面对面地教。"学生"也不希望自己拖本组的后腿，学得特别认真。尽管最后班里还有三个学生history museum说得不够好，但事实证明，"小老师"的教学效果并不比老师差。

四、让自己做个"懒"老师

大班型教学，教师的工作量极大。其实，作为老师，只要"懒"得有目的，"懒"得有方法，我们会用"懒"换来学生的勤，换来他们的自主学习。

1. 中文"懒"得提示

在一些小学，仍有很多英语教师认为不给学生解释课文的中文意思是不行的，所以在他们的课堂上学生都是一句英文一句中文地读课文。而我觉得小学英语教师应该注重学生口语能力的培养，在课堂上要尽量使用英语组织好教学，利用教材提供的情景，借助表情、动作等手段尽可能为学生创设语境，让学生学会用英语表达所要表达的意思，而不是养成过分依赖中文解释的习惯。

只要老师在课堂上多说英语，渐渐地，学生都能听懂简单的课堂用语。如：Stand up, please. Sit down. Who would like to have a try? Come to the blackboard. Go back to your seat. You did a good job! Well done! 等等。慢慢地，学生也养成了见到老师就尽量开口说英语的好习惯。如：在打扫楼梯的学生见到我会抬起头来向我问好："Good morning/afternoon, Miss Chen!"迟到的同学都会不好意思地说："I'm sorry, I'm late. May I come in?"在课堂上想回答问题的同学会说："Let me try!"等等。

老师的"懒"能换来学生的主动开口说英语，何乐而不为呢？

2. 背诵"懒"得倾听

背诵课文是积累句型的好方法，能熟练背诵已学内容是学生学会用英语进行交流的基础，所以我对学生背诵的要求也比较严格。一开始，我几乎会用晨读及课余时间逐个抓，渐渐地，我开始变"懒"。通过上课观察及背诵比赛，我挑选出一批优秀的组长来分担我的工作，每个组长负责4~5个学生。个别学习进度慢的由我自己负责。我会不定时地抽查组长及组员的背诵情况。只要当天本组背诵全部完成或被抽查学生完成得好，都能得到一面小红旗的奖励。他们争强好胜，都想让自己组成为"红旗标兵组"，所以完成效果都相当不错。

3. 默写"懒"得批改

默写是检查学生学习情况的有效手段。我将这项工作交给部分学生，让他们负责检查其他同学的默写情况。这部分学生有的沉默寡言，有的学习英语兴趣不浓厚，是值得关注的一个群体。自他们担任这项工作以来，不仅减轻了我的工作量，他们的能力也得到了锻炼，对英语的兴趣也有所提高。Hugo汇报说："Miss Chen，Jane默写很认真，全对了！Jay写了几遍，最后终于对了。"Nick也高兴地对我说："Miss Chen，检查同学的默写，让我不知不觉地也把内容记起了。"

4. 教具"懒"得制作

教具可增强课堂的艺术性、教学的直观性，极大地吸引着学生的注意力，能提高教学效果。例如自制单词卡片对单词的教学帮助很大。但班里人数众多，如果教师自制卡片，那是一项非常耗时的工作。这时老师可以偷偷懒，放手让学生分小组制作卡片，这还可以锻炼学生的动手操作能力。

例如，教学《牛津小学英语》6B Unit 5 B、C两部分前，我先布置学生分小组制作天气卡片，每个小组成员制作一张，画上天气情况并在背面写上英文单词 rainy，cloudy，sunny等。在课堂上学生可以拿着自制卡片操练对话：What is the weather like in spring/...? It's...学生看图说对话，对单词的记忆也更深刻。课后还可以把单词卡片收起来，评一评哪个小组的卡片设计得好，并给该小组一面小红旗作为奖励。

五、争取家长对英语教学的支持

我们的学生除在校5天4~5个课时外，其余时间很少有场合学用英语，如果能取得家长对我们工作的支持，我们就能做到英语教学向家庭和课外延伸，以此拓宽小学生学习英语的学用渠道。我要求学生回家养成听、读的习惯，这需要家长督促孩子听教学磁带，模仿纯正的语音语调，让孩子养成良好的听读习惯。

一般，我会用打电话或写小纸条等方式与家长取得联系。公布自己的联系电话，并定期抽时间与个别家长取得联系。有些家长反映："我们孩子以前的教学磁带到期末还是原封不动的，今年一开学回家就听，还跟着说呢。"写小纸条也是一种有效的方式。我会隔三岔五地对个别表现突出的学生给家长写小纸条，反映他们孩子在校的表现。比如："你的孩子真棒！他昨天在家写的短文内容真精彩！""你的孩子虽然基础薄弱，但他听课很认真，今天他在课堂上举手回答了我的问题。咱们一起为他加油吧！"我们平时要注意发现学生身上的闪光点，并以小纸条的方式反映给家长。在家校的共同努力下，学生的英语学习水平会有整体进步。

大班英语教学情况是客观存在的，班型大小不是影响教学质量的决定性因素，我们应更多地看到大班英语教学的独特优势，取长补短，提高小学英语大班型教学的效率。

【参考文献】

［1］Penny Ur. A Course in Language Teaching： Practice and Theory［M］. Cambridge University Press， 1996.

［2］赵淑红.新课程课堂教学技能与学科教学小学英语［M］.北京：世界知识出版社，2007.

［3］张小皖.小学英语实用课堂教学艺术［M］.长春：东北师范大学出版社，2004.

游戏教学在小学英语教学中的运用

普宁市流沙第二小学　　陈贵妹

《义务教育英语课程标准（2011年版）》指出，兴趣是学好语言的关键，激发学生学习英语的兴趣是小学阶段英语教学的一项重要任务。英语教学要注意结合儿童的心理和生理特点，要有利于引起学生的学习兴趣。在英语教学中加入适当的游戏有利于培养学生的兴趣，符合"乐学"原则。游戏教学是围绕教学目标将游戏融于教学之中的教学活动类型。

一、游戏教学的基本原则

小学英语课堂教学中运用游戏教学时，应依据以下几个原则。

1. 目的性原则

游戏是为教学服务的，必须与教学密切相关。教师在设计游戏时，要充分考虑本课的教学重点、难点和其他教学要求，围绕教学目的进行。游戏的目的必须十分明确，不是为了做游戏而做游戏。游戏的根本目的是让学生在游戏中多运用英语，运用新知识；游戏的内容当然得与本课所学知识有关，达到熟练掌握、学以致用的目的，或是起到总结语言知识的作用。

比如，学生在学完方位词后，可设计这样一个游戏：制作6张卡片，分别写上cinema, hospital, post office, science museum, library, bookstore, 把它们贴在黑板上，选出一名代表，面向黑板并闭上眼睛，老师随便说出一个单词，让所有同学给代表发出指令：east, west, south, north。直到代表拍到老师所说的单词为止。哪个代表在最短时间内拍到单词为胜利者。这样的游戏活跃了课堂，同学们在给出指令时，情绪高涨，在不知不觉中复习巩固了所学的方位词。

又如，学习了"Where is my ...？"教师可设计游戏a guessing game，请一名同学到黑板前，面对黑板，请他的同伴把自己的bag，ruler，crayon，book等放在不同的位置。

T：Let's play a game!

S1：Where is my bag/...？

S2：In the desk？

Ss：Yes！/ No！

该游戏对语言知识的学习具有很强的针对性，使学生所学的语言得到真实的运用。

2. 启发性原则

开展游戏既是为了学习、巩固所学知识，活跃课堂气氛，同时也是为了在游戏中开发学生智力、培养能力。教师可以设计一些富有创造性、挑战性的游戏。"五问猜人"就是学生综合运用所学知识进行英语表达的一个很有效的游戏。教师先让第一组猜谜的人到黑板前面来，背对全班，然后让一名学生站起来再坐下，猜的同学转过脸来，全班同学接受他（她）的提问，如："A boy or a girl？""What row is he（she）in？""What does he（she）like？""How does he（she）go to school？""What is his（her）father/mother？"如果这名同学在五个问题之后说不出答案，就算输了。另外，看图猜物也是一个培养学生想象力和创造力的游戏。教师在黑板上画几个抽象的图形，学生大胆地发挥自己的想象力来猜，并运用所学的知识来表达。学生有的把圆形猜成an apple，an orange，a ball等，有的把方形的猜成a book，a door，a photo等。这时教师可以在抽象图形上再加上简单几笔，启发、鼓励他们在游戏中获胜，培养他们的自信心和参与意识。

3. 多样化原则

要使学生参与和配合，游戏形式的多样化显得非常重要。"把戏不可久玩"，再好玩的游戏，玩过几次就没有新鲜感了。因此教师应不断收集游戏，设计、翻新游戏。教师可以根据《教师用书》中提供的大量游戏，然后依据实际要完成的学习内容，来确定做哪一种游戏。例如，复习颜色用"Color pinwheel"，复习数字用"Clap"，复习表示动作的词用"Simon says"，复习名词用"Draw and guess"，复习身体各部位名称用"Joining game"，复习身高、年龄、住址用"Number me"，等等。许多游戏，像"Bingo"等简单实用，这些游戏会给英语学习增添许多乐趣。

4. 灵活性原则

灵活性是指在教学中要注意适时、适度地开展游戏活动，在游戏中要注意课堂气氛和课堂节奏的调整与把握，灵活处理游戏中出现的问题以及教材内容与游戏的关系。游戏作用的发挥是依赖于一定条件的，并不是说在教学中采用了游戏就一定能改善教学，更不是说游戏用得越多越好，还需要多考虑在什么条件下用，如何使用，而不是处处滥用。教师要注意合理安排游戏的量和时间，力求在最关键的时刻（如突破重难点或是学生"思维低谷"时）充分发挥游戏的作用。

二、游戏教学的合理运用

游戏教学在激发学生学习兴趣、活跃课堂气氛、掌握新知识、培养观察思维能力及语言交际能力等方面有着极其重要的作用。游戏教学是帮助学生学英语的一种有效的教学形式，要真正发挥其辅助教学的功能，达到寓教于乐的真正目的。

1. 在导入新课时的运用

新课开始，为了吸引注意力，激发兴趣，调动积极性，可先设计一个游戏，既活跃气氛，又为导入新课做了心理及知识上的准备。

例如，在教授重点内容 It has a long nose and a short tail.时，教师可以安排一个大家都熟悉的小游戏Simon says，"Simon says：Touch your face，touch your nose，..."游戏让学生缓解了紧张情绪，同时对描述身体部位的单词进行了适当的复习，为下一教学环节做了铺垫。在游戏的最后，教师的口令是

"Touch your tail"，这让学生不知所措，接着教师以"Oh, we have no tails. But animals have tails."自然又幽默地过渡到下一教学环节。

2. 在讲授新课时的运用

英语课程标准强调师生双边的活动。学生必须在做游戏、听指令做动作、角色表演、书写字母和单词等活动中感知、学习英语。操练是新授课教学过程中的重要步骤。然而简单机械的操练会让小学生感到枯燥乏味，游戏可以使之变得有趣，让他们兴趣大增，精力集中，在玩中强化了语言实践，收到了良好的效果。

"踩地雷"是一个操作简单且效果极佳的单词操练小游戏。在一个词下放一个地雷，这个词是不能读的，如果学生不小心跟读，就是踩到了地雷。大家一起数one two three，bomb，向他砸过去！学生会觉得有趣，气氛活跃，笑声频频，这就避免了枯燥地跟读导致的疲惫和乏味，在游戏中培养了学习兴趣。这个小游戏同样也可以用于短语和句子的机械操练。

3. 在复习巩固时的运用

学生通过复习巩固，对初步掌握的英语知识和运用英语的能力进行及时的反复刺激，逐步形成新的语言习惯和语言能力。复习活动的设计要突出趣味性、多样性。突出趣味性最好的方法就是依据复习要求编排各种适合儿童心理特点的课堂教学游戏，使学生在轻松愉快的气氛中加深对所学内容的理解。

如在教学巩固rainbow, rain, squirrel, snake, tiger, taxi这几个生词时，一位教师设计了这样的游戏：（黑板上贴上这些生词卡片或写上生词）找三名学生上台，其中一名学生比画画彩虹、下雨、松鼠跳、蛇爬行等动作，全班学生根据这个学生的动作说出单词，台上另外两名学生比谁指得准、指得快。这个游戏的覆盖面很广，达到了全员参与的目的。

对于小学高年级的学生，教师可以设计游戏"摸宝"。教师准备好一些单词卡片（有的写中文，有的写英文）和图画，将卡片和图画放进一只不透明的袋子里。游戏开始，教师说袋子里装了许多宝物，让学生上来轮流"摸宝"，如果摸到的是英文卡片，则要英译汉；如果摸到是的中文卡片，则要汉译英并拼读出来；如果是图画，则要看图用英语造句。而这三类宝物的价值也各不一样，分别为2分、4分和8分。

教师还可以采用卡片闪电竞猜、手写口猜、背部书写猜词、看口型猜词、气球猜词等各种方式进行复习，游戏的多样性处理可以有效地增强学生的好奇心和参与热情。

三、游戏教学的注意事项

小学英语教学是要重视培养兴趣，但不能单靠说说唱唱玩玩。因为培养兴趣主要是为了学习英语，游戏应成为小学生学习英语语言知识的手段。因此，我们在激发学生对学科的兴趣的过程中，不能只停留在课堂表面的"活""乐""玩"。

（1）设计贵在于精，不在于多。教师要精心设计游戏，倘若游戏过多，而忽略了主要教学内容的讲授和训练，喧宾夺主，成了游戏娱乐课，反而得不偿失。

（2）做到有条不紊，活而不乱。在游戏开始之前讲清规则、纪律要求及评分标准，准备工作做充分。在游戏过程中，即使出现一些混乱，也不要一味地批评，而是积极讲清楚。

（3）注重面向全体，难度适中。教师在设计游戏时应注重面向全体学生，游戏涉及学生的面越宽越好，不要一两个人做，其他学生仅当观众，使一些平常不爱说、不好动的学生得不到机会。苏联教育家苏霍姆林斯基指出：激发学生的学习动机的途径有千条万条，但最重要的一条就是给予学生成功的体验！因此教师还应根据学生实际分层次开展游戏，让全体学生都能体验到成功的喜悦，保持学习的积极性。

（4）灵活处理游戏，适时停止。在课堂游戏中，教师一般起着导演的作用，学生则起着演员的作用，但有时教师也可成为主持人、裁判员、啦啦队长甚至演员。教师在游戏调控时，对于学生的一举一动都应细心观察，还应根据学生游戏活动的情况判断是否应该停止，而且一定要在学生失去兴趣之前停止游戏，以免学生对该游戏产生厌倦情绪，不利于以后该游戏的开展。

教无定法，贵在得法。英语课堂游戏作为一种崭新的教学形式确实有着重要的作用，游戏教学法在教学中尽可能地将枯燥的语言现象转变为学生乐于接受的、生动有趣的游戏形式，为学生创造丰富的语言交际情境，是帮助学生学好英语的一种有效的教学方法。游戏教学方法强调了学生的主体性，有效的游戏有利于激发兴趣和学习动机，符合素质教育的要求。

对英语教学思维导图的几点思考

普宁市池尾街道塔丰小学   陈映灵

一、思维导图有助于孩子走向成功

2014年3月，自教育部印发《关于全面深化课程改革 落实立德树人根本任务的意见》，提出要深化改革，加大培养学生的核心素养以来，学生核心素养的培养成为教育界关注的热点话题。培养学生的核心素养，主要是以培养学生的思维能力为主。那么，如何用有效的思维工具来促进学生的思维发展呢？我们常见的思维工具有 Thinking map（思维导图，也称 Mind map），bubble map（气泡图）以及 Anchor chart（要点图、锚形图）等。这些思维工具都可将知识、逻辑和思维视觉化地呈现出来，基本上都是"要点+图形"的展现方式，以帮助学生快速厘清思路，掌握要点。那到底什么是思维导图呢？英国著名心理学家、教育家、被誉为"世界大脑先生"的托尼·布赞是这样定义的："思维导图是放射性思维的表达方式，因此也是人类思维的自然功能。它是一种非常有用的图形技术，是打开大脑潜能的万用钥匙。思维导图可以用于生活的各个方面，其改进后的学习能力和清晰的思维方式会改善人的行为表现。"简单来说，思维导图是以图解的形式和网状的结构，用于储存、组织、优化和输出信息的思维工具。很多时候，无论是家长还是老师，都会责怪孩子不够聪明、不够努力，可这真的不是他们的问题，在责怪他们之前，我们要先问自己两个问题：你可曾教过他们怎样思考？你可曾教过他们怎样使用自己的大脑？如果你的回答是否定的，那么问题在于我们，我们缺乏对他们的思维进行训练。孩子们只有使用科学的思考方法才有可能成功，才有可能成为我们眼中的"聪明的孩子"。作为老师，我们有责任也有义务去引导学生的思维，教他们如何科学地思考。事实上，当下的教育形势给予学生的压力很大，他们中的大部分人都学得很辛苦、很吃力，那有没有一种方法可以达到事半功倍的效果呢？也许可以借鉴一些国外比较先进和成熟的方法，比如思考方式和学习方式。曾经有位妈妈参观了美国加州小学，她发现思维导图在学生的语言课程学习中用得很多，老师经常会用思维导图来引导学生的思维，甚至学生的作业也很多都通过思维导图的方式来完成。那么我们究竟要在教学中怎样适当地使用思维导图才能取得成效呢？本文通过思维导图在小学英语低学段和高学段不同课型的使用来探究思维导图到底有多神奇。

二、利用思维导图开展教学

（一）利用思维导图开展字母教学

小学英语教学是启蒙教学，小学生在小学阶段的学习态度和学习方式或许会影响他的一生。字母是语音、词汇的基础，因此字母学习是整个小学英语教学的基础。传统的字母教学注重字母的音和形，大都通过反复地听读、跟读以及机械性操练达到目标，一节课下来大部分学生可能记住了字母的音和形，能力更强的学生可能还记住了与这个字母相关的单词。

这时候老师可以说自己的教学目标已经大部分达成。可我们反思后会发现学生的思维没有得到发散，思考能力没有得到训练，下次遇到这个字母他还是只会说出书本上的内容，还是不会思考。教师如何才能将字母学习变成生动有趣又可以训练思维的事情呢？思维导图可以帮助实现。以字母P的学习为例，根据教育心理学，二年级学生的思维水平正处于从具体形象向抽象逻辑过渡的阶段，但是形象思维仍占优势。我们学习字母绝不仅仅是为了会认会读，而是为了让思维在学习的过程中得到训练，让大脑在思考的过程中变得更灵活、更好用。在学习了字母的音形之后，我们不断激励学生想出以字母P开头的单词，并且还附上了很多图片。为什么要用图形？托尼·布赞在其《思维导图》一书中说得很清楚：在思维导图使用了图形后，你会更加注意现实生活，进而努力提高描述真实物体的能力。你会真的对周围世界"睁开眼睛"。这节课后，学生都收获满满，不仅学习了字母的音形，还扩展了词汇储备，更关键的是学生的思维得到了训练，能力得到了提升。

（二）利用思维导图开展"My Day（时间和活动）"教学

多数低年级学生对数字不太敏感，更不用说对英文数字了。我们要学习的是用英文询问并回答在什么时候做了什么事，课文中的时间和动作都是分开的，需要学生自己去回答、去组合，如果不采用简单直观的方法教学这节课，效果肯定是不好的。但是如果我们用思维导图来帮学生梳理好时间和活动，便一目了然，问题迎刃而解。

（三）利用思维导图开展英语故事教学

《义务教育英语课程标准（实验稿）》指出，基础教育阶段，英语课程的任务是：激发和培养学生学习英语的兴趣，使学生树立自信心，养成良好的学习习惯和形成有效的学习策略，发展自主学习的能力和合作精神；使学生掌握一定的英语基础知识和听说读写技能，形成一定的综合语言运用能力；培养学生的观察、记忆、思维、想象能力和创新精神；帮助学生了解世界和文化的差异，拓宽视野。其中，故事教学是提高学生阅读理解能力，培养学生思维能力，拓展学生知识面的一种有效途径。如 *Uncle Jack's farm* 属于一篇叙述文，故事情节简单易懂，通过故事学习渗透天气的表达。

1. 传统讲故事

（1）Greetings and Warming up（问候和热身）

（2）Lead-in（引入）

（3）整体感知故事（不带字幕听一遍故事，并回答问题）

a. Listen and watch

b. Check the answers

（4）故事学习（这是整节课的重点，一般来说，我们采取逐图讲解和提问相结合的方式来学习故事，针对每幅画提问，让学生掌握故事大意）

（5）简单复述课文

（6）跟读故事

（7）家庭作业

通过传统讲故事的模式教学，学生可能理解了故事大意，但他们不能够根据自己的理解来复述课文。一个故事最基本的是 when（时间）、where（地点）、who（人物）、what（事件）四要素，这也是要理解一个故事的必要要素。从以上教学方法可以看出老师和学生都没有进行思考，仅仅停留在讲故事表面，而下面是另一个老师采用表格化的思维导图将这个故事清晰地呈现在学生眼前，理解和复述也都不成问题。

2. 使用思维导图讲故事

老师一开始就让学生来提问，这已经是在让学生学着去思考问题了。

（1）Greetings and Lead-in（问候和导入）

（2）Pre-reading

a. Do you have any questions about this story?

b. List the questions （呈现问题的同时帮学生搭建故事四要素的结构，即 when ,where ,who ,what）

（3）Skim reading（快速阅读）

学生在快速阅读后老师要求其画出这个故事的 story map，这其实也是一种思维导图的形式，学生只有在对故事有了大致了解的基础上才能画出这样的图。从这幅 story map 来看，学生分析出随着故事的发展，主人公在三个不同的地方。那接下来的学习任务就很清晰了，学生要分别找出三个地方有哪些人，他们分别在做什么。

（4）Detail reading（精读，细节阅读）

学生画出 story map 之后可以清晰地看到故事有三个部分，老师通过 story map 对地点、人物和做什么进行提问，学生很容易回答出第一个地方的要点，之后老师归纳了第一个地点是课文中的图片1和图片2。通过老师的示范，学生在小组内顺利地完成了 Part 2 和 Part 3 的要点。 在之后的学习中，老师通过引导学生思考，于每个部分都提取出了一个"话题"，老师的教学设计层层深入，活动设计也有层次，敢于放手让学生自主完成任务。

（5）Retell the story（故事复述）

这个部分老师借助课文图片，用 story map 和表格来帮助学生梳理故事，厘清思路，我们可以看到学生在老师的引导下，小组协作完成了Part 2 和 Part 3 的任务。因为老师教的不是死知识，而是教给学生一种思维方式，在这样的思维过程中，故事内容便在学生的大脑中有意识分层存在了，因此学生分析和提取信息的能力得到了提升。

故事教学的重点在于理解故事大意，并能在理解大意的基础上进行故事复述。教师使用思维导图引导学生进行科学的思考，猜测故事的发展，会起到事半功倍的效果。教师在让故事清晰的同时也清晰了学生的思维，这样一来，故事复述就水到渠成，学生也不会再害怕阅读和故事复述了。

（四）利用思维导图开展英语阅读教学

英语阅读教学一直是"老大难"问题，我们曾经也将其归因于学生的词汇量掌握不够，对基本句式和一般语法规则掌握不牢靠，其实最核心的问题在于"读"，在于学生是否真正"读"了。阅读的过程是提问的过程，是理解的过程，是提取关键信息的过程，也是一种思维建立的过程。人教版新起点三年级下册（一年级起点）Unit 3 After School Activities 的 Lesson 3 Read and Match 是留言条的学习，这是一节典型的阅读课。

1. 传统阅读教学

（1）Listen and answer（听短文，回答问题）

（2）Listen and repeat（听录音，跟读短文）

（3）Read and take notes（自己读短文，并做笔记）

（4）Finish the task（完成连线）

（5）Check answers（核对答案）

（6）Listen and repeat again（再次跟读短文）

通过传统的阅读教学方式，学生可以知道重点词汇和短语的意思，能够根据意思完成连线题，然而他们真的会做阅读题了吗？他们真的会运用所学的知识了吗？

2. 使用思维导图教学

（1） Listen and answer（听录音，回答问题）

听在整个小学阶段都是很重要的能力，听之前老师会提问，提示这篇短文的关键信息。小学阶段的提问模式一般都是按照 5W1H（when，where，who，what， why，how），也就是我们常说的时间、地点、人物、活动、原因、怎么样。针对这篇留言条，老师提出的问题就是 who 和 what， 经过长期的训练之后，学生可以很清楚地知道这就是关键信息。

（2） Read by yourselves（学生自读，了解大意）

（3） Read and Find（学生自读，提取关键信息）

这一步骤老师会提醒学生用不同的记号勾画不同类型的关键信息，如人物画线、活动画圈。

（4） Think and Draw（思考，并画出合适的思维导图）

目前，气泡图和流程图是小学低中段用得较多的思维导图类型。

（5）Finish the task with your mind map（根据所画的思维导图完成连线）

思维导图呈现出来之后，我们不再需要借助短文本身，只需在思维导图上寻找关键词就可以完成连线题，并且，学生还可以通过思维导图进行短文复述。两名学生创作的思维导图， 均画的是气泡图，可是他们画的形状和排列都有所不同，体现出学生思维方式的不同，最终的结果是他们都理解了短文，都能独立完成连线题，都能通过自己画的思维导图复述短文。 除此之外，课后还可以让学生画出自己课外的活动安排表，鼓励他们使用更多的形式画出来，并与同学们进行分享交流。

三、结语

美国建筑设计师、发明家理查德·巴克敏斯特·富勒说过："要想教给人们一种新的思维方式，就不要刻意教他们，而应当交给他们一种工具，通过实用工具培养新的思维方式。"思维导图应该就是这样的一种工具。 我们经常说要提高孩子们的逻辑思维能力，要让孩子们学会思维创新，这听起来很难，做起来就更不知从何开始。思维导图为我们指明了路径，我们从最简单的思维导图开始，抓住主线，找出要点，一层层找到我们想要的东西，到最后我们会发现，孩子们在学习的过程中已经慢慢开始懂得结构化地去考虑问题，认知和分析能力也能获得锻炼与提高。化繁为简，为我们的大脑分层涂上不同的色彩，我想，这就是思维导图的意义吧！

农村小学英语绘本教学探究

揭阳市空港经济区炮台镇盛遵小学 池爱华

小学生图像理解能力高于文字处理能力，因而在小学英语教学中绘本教学成为常态。但是多年来绘本教学存在的问题逐渐显露，探索其解决策略是小学英语教师至关重要的任务。

一、背景分析

我国重视学生英语学习，小学期间英语就作为重要课程。在小学期间，绘本教学成为教师常用的教学方法，拥有不可替代的优势。首先，小学生的文字记忆能力较图像记忆能力弱，绘本的故事性和趣味性会使小学生在学习过程中注意力更加集中，好奇心得到加强；其次，绘本教学中蕴含的文化及语言学习的艺术有着平铺直叙的文字达不到的效果；最后，也是对教师和学生最重要的一点，绘本教学有利于教师进行教学，也减轻了学生的学习负担。但是多年的教学实践也暴露出绘本教学的一些问题，特别是在农村学校，这就需要农村教师探索解决办法。

二、存在的问题及解决策略

绘本教学理论上是为适应小学生心理发展特点而设计实施的，但是随着社会的进步、互联网的飞速发展、经济的飞速提升，绘本教学在教学理念与内容、教学过程与方法上也应随之提升，而不应止步不前。教师应从创新教学方式、合理选择绘本内容、多角度评价绘本内容几个方面入手，探索农村小学英语绘本教学问题的解决策略。

1. 剔除陈旧内容

绘本教学突出的优势就是以趣味性激发学生们的好奇心，然而很多绘本有形而无神，在一般的课程内容中，盲目跟风，不合实际。例如，PEP小学英语中开篇的"打招呼，问候长辈"等绘图沿用多年，其他版本的教材也都存在这种问题。语言的学习带有灵活性、生活化，随着时代的发展，图片需要随之更新，并且内容要与时俱进。从知识的角度看，小学英语是入门课程，它着重学生的情感与态度培养，程式化的句型句式会让他们打好基础，但是同时也失去了绘本作为趣味性教学的便利。因此在引入绘本教学时，应该剔除陈旧的内容，加入新的语法或者句型句式。

2. 更新教学设备

小学生以形象思维为主要思考方式，比起文字，他们对于色彩、图像的兴趣度更高。"互联网+"时代，多媒体教学是很多教师选择的教学方法。在小学英语教学方面，应该好好利用互联网的便利并结合绘本的优势。例如，PEP小学英语教材搭配的教学光盘生动地演示了课本内容，但是很多教师没有利用好已有的教学资源。因此，教师应该抓住学生在这个时期的认知特点，同时学校也要与时俱进，更新教学环境。绘本与多媒体结合的优势有二：其一，激发孩子们的好奇心。绘本中的故事是片段性的，语境与现场无法感知，视频更加直观。其二，有利于教师把握课堂，增加与学生的互动，给予他们最及时的课堂反馈。

3. 改变教学理念

小学英语教学引入绘本的同时也要考虑教师的能力。首先，教师要在充分理解教材理念的基础上，结合身边的实例，搭配新的理念，教给学生适合他们理解与发展的知识。其次，发展教学评价也是加强英语教学的关键。语言的学习不同于数学等理科的评价方式，语言的评价方式更加多元，而不应困于试卷或者考试等方式单一的评价，小学期间更应该注重综合能力的评价，如发音交流等。最后，小学期间是学生世界观形成的最初阶段，在这个时期，英语学习给学生提供了看世界的机会，教师抓住这个关键机会，培养学生看世界的眼光与团队协作精神，使他们受益终身。

绘本的引入给教师的教学带来便利，但是教师对绘本教学有一定的认知偏差，他们通常将绘本作为传统课本来深入，并没有注意到其中适应学生认知的部分。我国绘本引入实践较别的国家发展慢，发展没有得到大部分人的认同，因此在教学时，常常有来自社会、家长等的不理解，也是教师无法充分发挥绘本教学优势的原因之一。因为传统教学模式根深蒂固，在引入时难免掉入选择绘本盲目的怪圈，盲目选择导致教学效果得不到提升，无法提升的教学质量得不到社会各界的支持。因此在根源上，教育研究者应该探索适合小学生的绘本。针对这三个方面的不足，教师的职责在于：其一，教师进行创新教学方式；其二，合理选择绘本内容；其三，多角度评价绘本内容。根据认知心理学描述的小学生的认知特点及他们对于绘本的热情，在小学英语教学中可以引入英语绘本当作教学内容的一部分，结合多媒体和互联网等高科技手段，直观体现课程目标所规定的教学内容，可以加深学生的理解程度。

三、结语

绘本教学是小学英语教学的捷径，随着社会各方面的发展，传统的绘本教学方式也应随之改变，特别是农村小学英语教师的教学理念更应改变。一方面，教师要走在时代前沿，让英语学科更加注重与世界的联系；另一方面，学生家长与社会各界也要支持课程改革，为学校、教师实施新的教学策略提供条件。

【参考文献】

［1］龚超.试论小学英语绘本教学存在的问题及解决策略［J］.教育现代化，2018，7（21）：117-118.

［2］杨雪梅.小学英语绘本教学存在的问题及解决措施［J］.校园英语，2018（13）：84.

让跳动的音符带小学生走进英语世界

——英文歌曲及歌谣在小学英语教学中的运用

普宁市流沙南街道后坛小学 罗 琼

"Take a rest, take a rest, take a rest on the beach. Take a rest, take a rest, take a rest on the bed. Take a rest, take a rest, take a rest on the chair. Take a rest..."伴随着简单又有节奏的钢琴乐曲，老师和学生一起欢快地唱着。这是在一次小学英语课堂教学观摩研讨会上，全国名师叶建军老师给学生上课的场景，这个场景吸引了上课的学生，也深深地打动了在座的每一位老师，我至今记忆犹新！

近年来，随着国际交流的日趋频繁以及社会要求的不断提升，英语课程在小学教学阶段的重要性日益增加，英语教学方法的研究不断深化，并取得了一定的成果。但是，从目前的小学英语教学现状看，大部分教师过分重视英语单词的学习，而忽视了所学的英语知识与学生实际生活的联系，忽视了对学生自主学习能力的培养，这样教学的结果是：教师完成了教学任务，学生却失去了对语言的学习信心，致使学生学习兴趣不高，教学效果差。在英语课堂中引入歌曲辅助教学，可以活跃课堂气氛，激活学生学习英语的兴趣，提高英语学习效率。在常规的英语教学中，我们一直强调听、说、读、写四种技能的结合。而歌曲、歌谣一直是外语教学中一个被忽视的源泉，大多数学生学了几年的英语，竟然不能完整地唱出一首英文歌曲，在英语课堂中教学英语歌曲更是少之又少的事，充其量，歌曲被作为书面材料供学生学习。随着小学英语教学的不断深入，越来越多的语言学家和教师发现，歌曲、歌谣对儿童甚至成年人的外语学习有着不可替代的辅助作用，歌曲、歌谣在教学中深受学生的欢迎，有其独特的内涵和魅力。

一、为什么要在英语学习中运用英文歌曲和歌谣

1. 新的大纲和课程标准的要求

《义务教育英语课程标准（2011年版）》多次强调激发和培养学生学习英语的兴趣，并在其规定的各级目标中都提出学生必须"能够演唱英文歌曲若干首"的具体要求。可见，歌曲在小学英语的课堂教学中是那么重要。根据小学生生理和心理特点及其发展需求，小学阶段英语课程的目的是：激发学生学习英语的兴趣，培养他们学习英语的积极态度，使他们建立初步的学习英语的自信心，培养学生一定的语感和良好的语音语调基础，使他们形成初步用英语进行简单日常交流的能力，为进一步学习打下基础。不少小学英语学习内容可以用歌曲形式表达，这有助于激发兴趣和分散难点。因此，在英语教学中融音乐与英语为一体，能帮助学生理解对话，表现情景内容，创设有声语言环境，使学生自然投入。让学生从机械、单调、紧张的学习环境中解脱出来，消除学习疲劳，并感受到学习的乐趣，提高学习效率。

2. 发展学生基本语言知识的要求

在小学英语教学中，运用英文歌曲教授英语，符合小学生的年龄特点，有利于他们学习英语。首先，歌曲教学可以使课堂更加富有乐趣，生动活泼。其次，有助于学生形成良好的语音、语调，增强节奏感。经常唱英语歌曲，能使小学生对英语的重音、节奏有一个初步的认识。久而久之，语感也就慢慢形成了。另外，唱歌时要求吐字清楚，这对培养小学生正确发音有很大的帮助。再次，可促进听和说的英语能力。说歌谣、唱歌曲对儿童语言发展所起的作用是不可低估的。音乐和节奏是儿童学习语言的重要组成部分。一般来说，歌词容易记牢。少儿歌曲的歌词更像是一首朗朗上口的童谣，儿童在学唱歌的过程中，最先学会的是歌词。也就是说，儿童在学习歌曲的同时就学习了一首好的儿歌，于无形中词汇量、艺术性语言有所增加。歌曲反复播放，加上教师的示

范，不断地给学生听觉的输入，对他们的听力有极大的提高。同样，在听的同时，正确的发音在他们脑中形成，那么说出来的英语也就非常准确了。最后，歌谣的教学可以激发学生的成就感，提高他们学习英语的兴趣。

3. 愉快英语教学环境的要求

为了贯彻课改精神，开展全方位的整体改革，树立减轻学生学业负担、心理负担，让学生愉快地成长、愉快地学习、愉快地活动，从中培养兴趣，激发学生活动中创造精神的思想，而这种教育的实现必须发挥课堂教学这个主渠道和课堂这块主阵地的全能，切实提高课堂教学效率，体现课堂教学改革的针对性和实效性。因此，以愉快为核心，以创设愉快的课堂教学环境为手段，境与情的和谐统一，使学生健康、快乐地成长，变"要我学"为"我要学"，构建"愉快教育"的教学模式。英语课堂中插入英语歌曲教学是创设愉快的教学环境的手段之一。

二、英文歌谣和歌曲在教学中的作用

英文歌曲和歌谣在英语教学中的作用常常被忽视，教师往往认为教学进度紧，练习顾不上，根本没有时间教唱英文歌曲。事实上，学习英文歌曲对英语学习具有很大的促进作用。

1. 提高学习兴趣和积极性

把听唱英文歌曲作为课前的准备活动，能振奋学生的精神，提高学生的学习兴趣，增强学生的参与意识，从而为学生创造良好的英语学习氛围。营造一个和谐、宽松的课堂氛围，让学生"在乐中学，在学中乐"。英文歌曲让师生打成一片，一起唱，一起乐。它消除了老师与学生因年龄差距而形成的隔阂，增进了师生感情，改善了师生关系，学生学习英语的积极性也大大提高。英文歌曲成了师生沟通的桥梁。

学唱英文歌曲对于学生来说是多方受益的一种学习辅助手段。它融英语语言学习与娱乐为一体，既可培养学生欣赏音乐的审美情趣和提高学生的欣赏品位，同时又能调动英语学习者的学习兴趣，还可缓解学习时的紧张气氛，使学生的学习在积极主动、轻松愉快的氛围中完成。

2. 提高学生的语言技能

学生从英文歌曲中能学到不少英语语言知识，还会加深记忆。例如，英文歌曲会涉及各种各样的句型，其中不乏中学英语教学的重点句型，如歌曲 *Mary Had a little Lamb* 的歌词：

Mary Had a little Lamb.

Mary had a little lamb, little lamb, little lamb.

Mary had a little lamb， its fleece was white as snow.

And everywhere that Mary went, Mary went, Mary went.

Everywhere that Mary went, the lamb was sure to go.

...

Why does the lamb love Mary so, Mary so, Mary so?

Why does the lamb love Mary so? The eager children cried.

Why, Mary loves the lamb, you know, lamb, you know, lamb, you know.

Mary loves the lamb, you know, the teacher did reply.

歌曲中出现过去时和一般现在时的第三人称单数，在教唱英文歌曲时，教师可以把经典句型写在黑板上进行讲解，让学生通过反复吟唱牢记这些句型。在音乐营造的愉快氛围中，学生很容易记住其中的语法知识。

英文歌曲对提高学生的语言技能有着积极的作用，有助于学生形成良好的听力、正确的语音语调、富有情感的表现力。

（1）对语感的培养

经常听英文歌曲，可以培养学生的语感。在任何语言里，语感都是重要的部分之一。比如，我们在看到或听到一个中文句子的时候，首先想到的不是它的结构句型或者句子成分，而是去感觉那个句子是否读得通、看得顺——我们几乎可以用这个方法应付所有类型的中文句子。事实上，不管是日常交流还是考试的时候，我们都是这样做的。

经常处于英文歌曲所创造的英语环境中，可以使大脑潜移默化地接受语感的培养训练——语感是一个人对语言掌握的熟练程度。一遍又一遍地听那些优美的英文歌曲，让人可以在很轻松的环境中掌握很多语言表达。

（2）对发音的帮助

歌曲时而快时而慢的节奏对发音的要求比较高，而歌词连读、略读、重读等现象经常出现，则对英语学习者的发音会有很大帮助。从模仿这些歌曲开始，会对地道口语的培养有很大的帮助。

（3）有助于单词的记忆

我们是把词语放在具体的句子里面记忆，这样就避免了出现那种有令人羡慕的单词量，却只能熟练运用其中的少数，对于大多数单词只是知道意思，根本不能使用的现象。对这样的词语，能说掌握了吗？

听英文歌曲对短期内高效地记忆单词有好处。英语学习者通常是孤立地背单词。实际上，背单词不如背句子，而英文歌曲中的句子都是很值得记背的句子。

3. 丰富学生的文化知识，提升学生的综合素质

通过学唱英文歌曲这样的形式，可以给学生以审美能力和审美情感。每逢圣诞节，我会教学生唱一些圣诞歌曲，如 *We wish you a Merry Christmas, Frosty the snowman, Jingle bells* 等。在学唱歌曲之前，教师可以先向学生介绍西方的一些传统节日，再重点讲解关于圣诞节的知识，如圣诞节的由来、圣诞老人、圣诞树以及人们如何庆祝圣诞节等。这样，在轻松快乐的氛围中，学生既得到了艺术享受，又增长了知识。

的确，音乐是一种有效的教学工具。在英文歌曲的学唱过程中，学生感受美的旋律，既训练了语音，促进了语言学习，又能受到思想教育，还可以让学生在短时期内学到地道、纯正的英语。我们在学校和平时学习中学到的英语表达和句子十分有限，远远比不上母语的使用，而英文歌曲却可以使我们在一个"英语的世界"里徜徉。而能在单位时间内达到如此效果的学习方法，在英语教学中辅以英文歌曲是一个不错的选择。

三、如何有效地运用英文歌曲和歌谣

1. 教学过程中如何有效运用

（1）创设情境，以学生喜闻乐见的形式呈现英文歌曲和歌谣内容

如何让学生尽快地投入最佳的学习状态呢？课前，不妨让学生唱一两首英文歌曲或说一段英文歌谣，以集中学生的注意力，促使学生快速回到英语课堂。课中，也可以插入英文歌谣，以吸引学生的注意力，保持乐学的状态。课末，歌曲和歌谣可把课堂教学推向高潮，使学生以饱满的情绪结束一节课的紧张学习。如在教学PEP Book 5　Unit 5之前，我先安排教学单元歌曲*A photo of me*，朗朗上口的旋律和歌词让学生很快习得其中的名词和方位词，使后面课文的学习轻松很多。一段轻快的歌谣，几首优美的歌曲，学生用歌曲和歌谣来玩游戏，在学生中间形成一种爱学爱唱的学习风气，大大激发了学生的学习热情。

（2）帮助学生轻松掌握难点，减轻学生心理负担

歌曲和歌谣中的词往往跟所学的知识相联系，很多歌词是课文内容的重点和难点。学生在学唱歌曲的同时也正在学习课文句型、词汇，但这跟直接授课有本质的区别，直接授课需要学生在枯燥乏味的教学中掌握新授内容，而歌曲和歌谣却没有课业负担与压力，想唱就唱。学生往往是在"无意识的说唱"过程中初涉课文内容，并为进一步学习打下了坚实的基础，化解此课时的重点和难点，并学得一身轻松。如学习PEP Book 5　Unit 4　Part A Let's talk，可尝试未学新句型之前，先导入一段新歌谣：

Dog, dog, what can you do?

I can run after you.

Panda, panda, what can you do?

I can eat so much bamboo.

Mouse, mouse, what can you do?

I can hide in the shoe.

Mike, Mike, what can you do?

I can draw animals in the zoo!

虽然其中有一些单词和句型未接触过，但随着强烈的节奏感和诱人的flash动画，学生边说唱边做动作，畏惧心理消除了，学习热情也随之高涨。所以，歌曲和歌谣对增强学生自信心，减轻学生心理负担也有着重要的作用。

（3）以形象的律动与鲜明的节奏表现英文歌曲和歌谣

教师可根据歌曲和歌谣的内容加入一些简单的动作，但是在完成这些动作时要注意体现出歌曲和歌谣的节奏感，因此教师在编排动作时应考虑到以下两点：一是动作不宜太复杂。过于复杂的动作不但不能帮助学生学好歌曲和歌谣，反而使他们手忙脚乱，也不利于表现歌曲和歌谣的韵律。二是歌曲和歌谣每一句中加入的动作数量应基本相同。由于歌曲和歌谣的韵律存在于每一句中，每一句的韵律又都是相同的，因此每一句中加入同样数量的动作可以辅助学生掌握这种韵律，使动作对歌曲和歌谣起到形神兼顾的辅助作用。可适当地运用击掌、跺脚、拍打桌面等不同形式表现节奏。

2. 教授不同语言知识时如何有效运用

（1）辅助字母教学

歌曲和歌谣特别适合用于英语语音的训练，学生可以通过唱英文歌曲或诵读英文歌谣，自然、轻松地熟悉和体验单个音素或字母。如在学习字母ABCDE时，就可诵读歌谣：

A A A, say "OK"！

B B B, touch you knee.

C C C, look and see.

D D D, make a "D".

E E E, drink some tea.

A B C D E, come and follow me.

（2）辅助语音教学

音素的学习是语音学习的初始阶段，也是必须阶段。教师通常采用几个含有相同元音音素的词的对比来归纳新音素的发音规律。如在学习字母y的发音时，课文录音设计了歌谣：

No candy for the baby.

No candy for the baby.

I'm sorry, little baby.

But no candy for the baby.

在此我设计了更多的歌谣，把windy, sunny, happy等单词编入歌谣中去，这样就可以在轻松的学习环境中加深对语音音素的理解和记忆。

（3）辅助词汇教学

在小学阶段，学生普遍反映记忆单词太难了。有些单词上课时会读，但过一会儿就忘了；有些单词课后复习并背出来了，但不出几天又忘了。那用什么好方法去长时间地记忆单词呢？极富特色的歌曲和歌谣，旋律好听、简单易学，既能吸引小学生的注意，又能配合他们的喜好，用一种有节奏的方式来呈现语言，更增加它的多样化和新鲜感，带给学生一种活泼欢快的语言接受环境。而且，歌曲童谣大都可以配合手指及肢体动作，不但增加趣味性，同时也符合小学生好动及爱玩的心理。更重要的是，这些肢体动作可以帮助小学生记忆和理解，对语言学习有事半功倍的效果。

（4）辅助句型教学

句型是由不同的单词连接而成，它对于初涉英语学习的小学生来说，比单词更难了。说歌谣、唱歌曲对小学生语言发展所起的作用是不可低估的，是学习句型的有效手段之一。音乐和节奏是小学生学习语言的重要组成部分，一般来说，歌词容易记牢。小学生在学唱歌的过程中，最先学会的是歌词，也就是说，小学生在学习歌曲的同时就学习了很多句型，于无形中词汇量、艺术性语言有所增加。

（5）辅助语法教学

小学生英语教材中已出现了一定难度的语法知识，如何使学生容易理解并记住语法知识呢？借助学生对儿歌的兴趣，把知识运用规律融入儿歌当中，让学生通过儿歌来理解、区分、记忆是非常有效的方法。

总之，恰当地运用歌曲和歌谣是小学英语教学中必不可少的重要手段之一，但教师要根据学生和班级实际情况而定，千万不能纯粹追求歌曲和歌谣的教学。在课堂中，教师有的放矢地利用歌曲和歌谣进行教学，歌曲和歌谣才会在教学中发挥其独特的作用，让跳动的音符带着学生走进英语世界。

【参考文献】

［1］鲁宗干.小学英语教师手册［M］.广州：广东教育出版社，2001.

［2］郑晶.寓教于乐——英文歌曲在高中英语教学中的应用［J］.科技资讯，2009（1）.

［3］吴静，王瑞东.英语歌曲在英语学习中的辅助作用［J］.安徽农业技术师范学院学报，1997（4）.

巧用英文绘本实施德育初探

普宁市流沙南街道后坛小学 罗 琼

一、引言

随着教学资源的日益丰富，小学英语教学面临的资源选择越来越多。《义务教育英语课程标准（2011年版）》提出，义务教育阶段英语课程的总目标是：通过英语学习，学生形成初步的综合语言运用能力，促进心智发展，提高综合人文素养。其中小学阶段应该达到的二级目标是：使学生对继续学习英语有兴趣，能用简单的英语互致问候，交换有关个人、家庭和朋友的简单信息，并能就日常生活话题做简短的叙述。能在图片的帮助下听懂、读懂并讲述简单的故事。能在教师的帮助下表演小故事或小短剧，演唱简单的英文歌曲和歌谣。能根据图片、词语或例句的提示，写出简短的描述。在学习中乐于参与，积极合作，主动请教，初步形成对英语的感知能力和良好的学习习惯，乐于了解外国文化和习俗。

为实现这一目标，英语课程应根据教和学的需求，提供贴近学生、贴近生活、贴近时代的学习资源。在各种学习资源中，英文绘本作为一种图文并茂的读物，具有直观性、生活性、故事性、情感性、重复性和节奏性等特点，越来越多的英语教师认识到绘本阅读对学生学习和发展的重要意义。英文绘本，有的称为"English Picture Book"，有的称为"English Children's Book"，也有的称为"Big Book"。虽然叫法各异，但综合来看，英语绘本一般是指以图片为主，辅以英语文字说明的具有一定故事情节的读本。绘本以讲故事的方式，通过对知识的传授，对学生精神世界进行建构，能够对学生多元智能进行培养。在小学德育教育中运用绘本能帮助小学生塑造正确的人生观和价值观，对其思想品德产生潜移默化的影响。经常外出学习、听课、教研，见识了很多老师的绘本课堂，也结合自己的教学经验，感受到了绘本课堂里孩子们有声有色的朗读，教师各有千秋的文本解读和细致入微的情感教育，让我们更清晰、更明朗地看到了英文绘本在德育课堂中的实施。如何巧妙地运用英文绘本有效实施德育，是教师需要认真思考的问题。

二、选择具有德育价值的英文绘本素材

为了能在小学德育教学中更好地发挥英文绘本的作用，教师在选择绘本时，应立足于德育教育的目标。在教学实践中，可根据不同年龄段学生的需求和认知特点选择绘本的内容，既能让学生充分体验快乐，又能更好地接受绘本所传授的知识，还能满足教学需求，以更好地实现教育的目标。

1. 选择学生喜欢的绘本

小学生具有自身的心理特点和认知方式，而这些特点对其阅读方式的选择发挥了直接的作用。为了更好地调动小学生阅读的兴趣，教师在教学中可选择那些游戏的、富有想象力的作品，将小学生阅读的兴趣调动起来。在色彩上选择画面鲜艳的绘本，在人物形象上选择聪明、可爱等性格。比如故事 *The doorbell rang* 讲的是妈妈做了一些饼干当茶点，维多利亚和山姆两个人分享，每人6块。这时，门铃响了，来的是邻居家的小伙伴汤姆和汉娜。他们四个人一起分享饼干，每人3块。这时，门铃又响了，皮特和他的小弟弟站在门口。于是，他们六个人一起分享饼干，每人2块。门铃不停地响起，分享饼干的小伙伴越来越多，每个人分到的饼干也越来越少……这本绘本故事情节十分生动、温馨。通过绘本，可以让学生了解数学概念，学会分享，家长和教师用该书给孩子们做品德教育和数学启蒙，认为该书"以清晰又动人的方式，既教给孩子分享的意义，又点透了除法的本质"。

2. 选择富有智慧的课本

小学生具有丰富的想象力和创造力，在选择绘本进行德育教育时，应选

择那些内涵丰富、富有主旨、充满智慧的作品，以充分发挥绘本在德育教育中对学生的引导作用。通过学习绘本故事中所传递的善良、勇敢、博爱等高贵品质，对小学生的品德内涵进行潜移默化的影响。比如故事 *The runaway bunny*，教师引导学生谈一谈读书感想，体会孩子与母亲的爱是永远无法分割的，母爱是不可替代的。让学生体会一根红萝卜里深藏着母亲无限宽广的爱。母爱像一盏灯，在孩子懵懂的时候，为孩子指明前进的方向。绘本故事 *No problem*！讲爸爸给Sami买了一件绿色夹克，但是Sami不喜欢绿色，所以他们想去商店换一件。这个过程中爸爸和他走丢了，最后在商店服务员的帮助下，重新找到了穿着绿色夹克的爸爸，Sami放心了，他觉得自己开始喜欢绿色了，于是他留下了这件绿色夹克。这个故事同时教育孩子外出要紧跟父母，万一走丢了不要慌，要寻求信得过的人帮助。这类绘本素材都是非常适合培养学生良好的思想品德的资源。

三、课堂实施教学三段式，品读英文绘本精神

只要精心设计，亮点就有可能出现在课堂中的任何一个环节。通常思想品德教育一般会放在每节课的最后，但也可以在课堂环节适时合理地渗透情感教育，引起学生的共鸣。比如在 *Grandma's glasses* 绘本故事中，有的老师在厘清人物关系后，选取家庭树向学生传授家的理念，有的老师在找到眼镜后，适时拓展助人为乐的情怀，有的老师会鼓励学生养成物品收纳的好习惯等。每一个德育点都是小学生养成教育的一部分，每每都让人若有所思。绘本教学，按常规说是属于阅读教学，我们可以采用三段式实施，即pre-reading, while-reading，post-reading（读前、读中和读后）。

1. Pre-reading

在阅读前可以通过free talk, songs, games 等活动，为主题的自然导入和有效达成做好铺垫，这些活动还可以较好地进行绘本课题的呈现。但要注意不可花太多的时间把即将阅读的文本材料中的生词放在这里进行讲解，这样的话就失去了阅读的意义。

2. While-reading

在绘本阅读教学分享中，印象最深刻的是北京市海淀外国语实验学校主维山老师的课。在一次教学研讨会中，主维山老师通过给六年级学生讲授绘本故事 *The color monster*，既带领学生体验了在 happiness，calm，sadness，anger，fear，love 六种情绪下的心理感受，也通过有感情地朗读，让学生领略了阅读之美。在解读主要内容的时候，主维山老师让学生看图猜图意，并强调把"阅"和"读"结合起来，教师有感情地领读，然后才能带动学生有感情地去读。这样学生才能更好地体会文章的美，也才能更好地理解作者想要表达的观点。同时，主维山老师灵活的教学方式、活跃的课堂气氛，也让我进一步学习了如何更好地打造学生喜欢的课堂，如何教给学生更多课本以外的东西。就像主维山老师说的那样："中国的孩子不缺钱，也不缺爱，他们缺的是想象力。"所以我们要教给学生的远不止书上的那些词和句，而是要借助优秀的绘本资源，加上教师适当的引导，启发和开拓学生的想象力。

3. Post-reading

这个环节的重点是让学生将 pre-reading 和 while-reading 所获得的语言知识，通过大量有效的 practice 进行整合，最终进行适量的语言输出。《义务教育英语课程标准（2011年版）》倡导在英语教学中实施任务型教学，达到"以言行事"，培养学生综合语言应用能力。在这个阶段，我们常常会通过任务型教学的方式，为学生创设一个恰当的任务活动，借助绘本，我们可以设计故事续写或人物评价等平台，让学生充分发挥想象力，大胆地运用语言来进行表达、输出。在评价人物或活动的过程中也教会孩子分清善恶，爱憎分明，最终让德育得以顺利实施。

四、绘本教学中存在的误区

1. 给学生读绘本时，讲一句英语，再讲一句中文翻译

很多朋友觉得，讲绘本的时候，同步翻译可以促进学生更快地去理解英语，但其实这样做往往事与愿违，因为这是对学生理解模式的误解。学生独特的理解模式跟大人学习外语不一样，他们往往不需要去理解每一个单词是什么

意思。学生往往选择接收他们能理解的词汇，而对于不理解的词汇，他们会通过上下文和大人的肢体语言、语音、语调、眼神或面部表情以及绘本的图片来"脑补"这些情节。尤其在看绘本时，学生可以从图片中获得更多的线索，在头脑中呈现出一个完整的故事，所以学生会自己翻绘本，沉浸在自己的想象之中。

2. 对绘本故事中的词和句过分地剖析

许多老师对英语课很是拿手，所以在进行英语绘本教学时，不自觉地就将课本英语教学中的一些习惯带到其中。尤其是对绘本故事中的词和句的讲解，面面俱到，过于仔细，甚至为了让学生更好地掌握这些词和句，有的老师还要举一反三，出一些练习题来检测学生的学习效果。这样一来，绘本教学成了语法课和练习课，学生的学习兴趣大打折扣，他们怎么可能再爱上这些精彩的绘本呢？

五、结语

综上所述，教师在选择绘本时，应立足于德育教育的目标，根据不同年龄段学生的需求和认知特点，选择既能让学生充分体验快乐，又能对教学需求给予满足，以更好地实现教育目标的绘本进行教学补充。在课堂实施阶段，通过读前、读中、读后的教学三段式，品读绘本精神，实施德育教育目标。如何在课堂上巧妙运用绘本实施德育，才能更充分地调动学生参与的积极性，并对学生的人生观和价值观产生潜移默化的影响，是老师们继续努力的方向。

【参考文献】

［1］中华人民共和国教育部.义务教育英语课程标准（2011年版）［S］.北京：北京师范大学出版社，2011.

［2］朱珠.小学英语绘本教学的误区及其对策［J］.读与写，2018（9）.

浅谈小学英语学习兴趣的培养与保持

惠来县溪西镇溪南小学　李燕财

在小学开设英语课程是具有深远意义的。首先是保证学生从小就接触英语，有利于他们对英语的接受、吸收。其次，小学英语教学不是简单的英语启蒙，而是英语学习的重要组成部分。小学英语教学是实施英语课程标准的基础，这个基础如果不能牢牢地夯实，英语课程标准就难以实施，甚至还会起到反作用，对接下来初中的英语教学都可能会形成阻力。由此看来，在小学学习英语很重要。

但是，目前一些小学英语教学现状并不乐观，小学生学习英语的兴趣并不高，课堂学习效果、学习效率低下，那么是什么因素导致了这种状况的出现呢？细细分析，我觉得有这样几个方面的原因。

一、环境因素

小学特别是农村小学大多不具备学习英语的环境条件。我们都知道，学习英语环境十分重要，为什么在国外学习英语很快，半年左右就可以过了语言关，最主要的就是环境的熏陶，接触的都是外国人，说的都是英文，天天耳濡目染，就像我们小时候学说话一样，不用刻意地教就会了，这就很能说明问题。而小学学习英语基本靠老师上课讲解，运用图片会话，好点的播放一些视频，但也有限，日常生活中很少有使用英语的机会，更不要说与外国人对话了，也就是说，学生学习英语的环境条件是十分不利的。这样天长日久，面对英语这样一门枯燥的学科，学生不产生厌倦心理就怪了！还谈什么学习兴趣，学习效果可能会好吗？

二、家庭因素

要说小学语文、数学等课程，一般情况下，学生家长也能辅导、检查，但是对于英语来说，很多家长就爱莫能助、束手无策了。还有的家长因忙于工作，无暇顾及孩子的学习，或者有的家长对孩子的学习不上心，因此对孩子的学习放任自流，小孩子自然也就乐得清闲自在；或者有的孩子对英语感兴趣，但回到家里却没人回应，自己的成绩得不到认可、表扬，自然也就渐渐地失去了兴趣。

三、教学方法

其实大部分学生对英语缺乏兴趣，还是与教师的教学方法有一定的关系。而教师的教学方法之所以不能很好地调动学生学习的积极性，与很多因素有关。比如，教学设施不具备或不齐全，很多教学内容不能呈现，教学手段也受到限制，影响了教学效果。另外，教学方法不当也与教师的教学观念有一定的关系。在教师的观念当中，或者不自觉地在教学行为当中，那种传统的以老师为主的"一言堂""满堂灌"会自然而然地流露出来，学生在课堂上说、读、写的机会被剥夺了，学习的自主性不能很好地得到发挥，学习会有兴趣？可能吗？即使原来有学习热情，也会因为没得到很好的保护而丧失了。

这些都是小学生学习英语兴趣不高的主要原因。试想，一个学生如果最开始对学习都没有兴趣，那么学习怎么可能更好地进行下去？所以要想让学生学好，首先就要设法调动他们的学习积极性。但是，最开始有积极性并不代表学生就能一如既往地认真学习下去，教师还要想办法让这种积极性保持下去，才能保障学生的学习热情能够持续，为此，我们不妨从以下几个方面入手。

（1）教师要从自身转变教学思想。这主要表现在：①建立和谐民主的师生关系。有一句话是说"亲其师，信其道"，良好的师生关系会让学生感受到温暖、甜蜜、信任，会让学生因为老师的可亲而愿意学习，这是调动学生兴趣的最简单且有效的方法，并且这种方法也会让学生的学习热情长久保持下去，学生会因为不愿意老师失望而努力学习。②改变教学方法。从学习金字塔理论我们可以知道，让学生动起来，真正实践，会使学习内容存留75%以上，更主要的是学生学习兴趣浓厚。英语是一门需要学生亲身实践才能不断提高成绩的学科，它是一门语言学科，需要学生听、读、说、写全面具体到位才行，只是让他看而不去亲身实践，永远也学不好语言，即使会也是"哑巴英语"。所以课堂上老师应该尽量让学生来说、来用，让学生成为课堂的主角，老师退居次要位置。学生有了用武之地，自然就会兴趣大增，在应用的过程中获得成功就会有成就感，就会让学生愿意走下去，这是保护学生兴趣的重要手段。

（2）努力创造语言环境为学生学习语言服务。教师可以利用多媒体、视频等设施，通过课件或者自己制作的教学动画让学生进行人机对话，锻炼学生的听说能力，提高学生的正确语音发音技巧。另外，我觉得适当地给学生放映一些纯英语的国外动画片，让学生真正接触到美式或英式英语，对学生的听力及会话能力都是一个不错的提升，有画面，易理解，简单易学，会使学生兴趣大增，更重要的是增加英语的吸引力，激发其学英语的兴趣。过一个阶段，再选择一部，一部比一部加大深度，诱发学生不断努力提高自己的英语语言能力，这就会让学生不仅有兴趣而且兴趣，会一直保持住。这是对学生兴趣的持续诱导，保护其兴趣不会中断。

（3）开展丰富多彩的趣味英语活动。比如英语单词接龙、英语短文朗诵、简单的英语情景剧表演，或者开展英语兴趣学习小组，请名人为学生讲西方文化、民俗、故事等，调动学生学习英语的积极性、主动性，培养学生学习英语的爱好、习惯，良好的爱好与习惯是确保学生学习兴趣长久稳定地持续下去的最好途径。

总而言之，学习英语很重要，在小学开设英语更是时代发展的需要。调动并努力使学生的学习兴趣保持下去是提高教学效率的关键，因此要想拥有理想的教学成绩，课堂上就要千方百计地培养并保护学生的学习兴趣。

【参考文献】

［1］李晓稳.小学生英语学习兴趣培养研究［D］.曲阜：曲阜师范大学，

2015.

［2］叶海琴.农村小学生英语学习兴趣培养研究［D］.武汉：华中师范大

学，2013.

Phonics在小学英语教学中的应用

揭阳市揭东区锡场锡东中心小学　林创君

新版英语教材与课程改革前的小学英语教材相比，内容含量和单词量都增加了很多。识记单词是农村小学生学习英语的一个难关，不少学生害怕学习英语，主要是害怕背单词。学生感到困惑，他们无法有效记住单词的发音及拼写。部分学生靠谐音记单词的读音，靠死记硬背记单词，其效果可想而知。长此下去，不但学生学习英语的兴趣会下降，学习英语的自信心也将受到打击。我认为从小学开始就利用Phonics（自然拼读法）进行语音和单词教学，是将学生从死记硬背的沉重负担中解脱出来的好办法，是帮助学生掌握词汇行之有效的方法。因为大部分英语词汇都可以根据字母所代表的音来发音。只要学生掌握字母在单词中的发音规律，利用语音发音规则，就会见词能读、听音能写。一旦学生看到单词能够读出，听音能够写出单词，那么，他们对英语的陌生感及恐惧感就会减少或消失，从而大大提升他们记忆英语单词的效果。

一、Phonics教学方法概说

Phonics亦被称为自然拼读法、直接读音法、直接拼音法、直接法或按字母音值拼读法，是指在没有掌握和不借助国际音标的前提下，利用英语字母或字母组合的规律，直接把所学的英语单词准确地拼读和拼写出来。它的核心是建立字母与语音之间的对应关系，直接拼读法的目的是要求学生学习和掌握英语字母以及字母组合的发音规则以后，遇到符合同样规则的生词时，就能准确地拼读和拼写出来，做到"见词能读、听音能写"。

Phonics是美国本土儿童在学习认读英语文字时所用的简单方法，犹如中国儿童学的普通话拼音一般，都是用以帮助记认声音与文字的关系。它的基本原理是要求学生掌握代表英语44个基本音的字母和字母组合（即这些字母和字母组合在单词中的发音，而不是它们的名称音，如在自然拼读法中，辅音字母b代表/b/，而不是读/bi：/；元音字母组合ai、ay等代表/ei/），以及一些英语拼写和读音关系的基本规律，学生在面对所有的英语单词时，利用形、音的对应关系，可以将单词拼读出来。学生在记忆英语单词时，利用音、形的对应关系，可以迅速记住，从而达到"见词能读、听音能写"的目标。

二、Phonics在小学英语教学中的应用现状

（一）教师重视程度不够

随着中小学英语课程改革的有力推进，小学英语教学取得了可喜的成效，但很多英语教师并没有用心研究教材及教法。虽然在PEP小学英语教材中已经渗透了自然拼读法，但大部分英语教师对其重视程度不够，还是通过机械的领读，让学生反复地听说来死记硬背单词。没有教授字母及字母组合的发音规则，甚至没有涉及和关注这一领域的意识，造成自然拼读没有起到应有的作用。

（二）教师专业素质有待提高

小学英语教师的现状是专业英语教师缺乏，教师没有或很少利用各种方式方法来提高自身的专业素养。有一些英语教师存在音标掌握不准确，发音不标准且乡音浓重，英语文化背景知识缺乏等一系列问题。还有相当一部分教师在专业知识、专业技能和专业思想等方面尚达不到标准，很多英语教师没有经过系统的培训，更不用说对自然拼读法的了解和掌握了，这使得他们在实际的英语教学中很难得心应手地完成单词拼读的教学任务。教师的英语专业素质成为一个亟待解决的问题。

（三）教学手段不够灵活高效

小学英语教师在教授单词发音部分时，很多属于"填鸭式"，不仅使课堂

气氛沉闷，学生处于被动接受状态，而且根本不符合小学生的生理、心理特征和年龄特征，也无法满足他们的学习兴趣，以至于学生产生厌倦心理，不愿意继续学习英语。这使得学生容易丧失学习的信心与兴趣。

三、Phonics 在小学英语教学中的应用

（一）有效利用汉语拼音的正迁移作用，积累语音知识

汉语拼音的某些发音与Phonics有相似之处，教学时可适当迁移，便于学生理解和接受。

小学低年段的学生已掌握汉语拼音，用拼音朗读和阅读的能力基本形成。汉语拼音中有许多音与英语的发音相似，如英语中的辅音与汉语拼音中的声母发音都很相似，因为学生有了汉语拼音的基础，学习辅音是较为容易的，只有 c，e，j，l，n，o，q，u，v，x，y需要强调练习，其他都和拼音相似。汉语拼音的ao 与英语中的元音/au/的发音基本相同等，及早采用自然拼读法进行语音教学，就可以利用汉语拼音对音素教学产生的正迁移作用，有效地帮助学生掌握英语字母和字母组合的发音。

（二）增强活动的趣味性，让英语单词妙趣横生

英语单词需要记字母拼写，词的拼写又与读音有密切联系。这就说明英语单词有其音、形、义、性等多方面的联系。如果我们在教学上能善于归纳、总结、对比，以旧带新，增加词汇的趣味性，把学生从"好奇"引导到"好学"上，就可达到事半功倍的效果。

小学生有意注意的时间不会太长，而且拼读、拼写训练又需要进行大量的机械操练，为了不影响他们的学习兴趣和效果，有必要设计各种有趣的活动来激发兴趣、降低焦虑。在教学中，我利用小学生喜欢听故事的特点，通过故事导入字母读音；利用小学生具有在做中学（learn by doing）的天性，将每个音素配上动作，帮助记忆；通过说chant和绕口令，帮助学生练习音素与字母的对应关系；还可以设计一些游戏，或组织唱歌、吟韵律诗、念绕口令等活动，让学生在玩中练、唱中练、吟中练、念中练。这样能将枯燥的、机械的听音和模仿练习变为有趣的、有意义的活动，充分调动学生学习的积极性，使他们养成

乐于模仿和善于模仿、善于运用的良好习惯与学习策略。

在运用Phonics教学教Aa，Bb 字母的读音时，我运用以下儿歌，也使原本枯燥的字母教学变得有声有色。

Let's chant：

a a a Aa is for apple ［æ］ ［æ］ ［æ］

a a a Aa is for ant［æ］ ［æ］ ［æ］

b b b Bb is for bear［b］ ［b］ ［b］

b b b Bb is for bird［b］ ［b］ ［b］

实践证明，通过Phonics教学，学生学英语的兴趣浓厚，自信心增强，识记单词、拼读和阅读的能力都有显著提高。

（三）由易到难，循序渐进

教学Phonics单词发音规律要由易到难、循序渐进。在教学中先教会学生字母读音，然后教会划分音节拼读单词，由简单的单音节过渡到多音节再拓展到试读未学过的新单词。根据小学生的认知规律和自然拼读法的知识结构，我制定了如下教学步骤。

1. 音素教学

单词是由字母组成的，而字母在单词中都有着一些常见的发音。PEP小学英语教材从三年级开始正式涉及英语字母学习，其中26个字母的名称音中就包含了48个英语音素中的一半，学生如果掌握好了字母的正确发音，对于认读单词则是获得了一把非常有用的钥匙。

运用Phonics拼读法教学的第一步就是让学生掌握英语26个字母通常在单词中的发音。然后通过大量的拼读练习让学生掌握牢固，并达到见词能读的效果。教字母发音"先辅后元"，依据汉语拼音中声母与韵母的拼读法则，引导学生运用迁移法进行拼读，使学生感到Phonics并不难学。第二步是让学生掌握字母组合的发音，如ou，er，ea，oo等，通过一些拼读游戏或者编绕口令等寓教于乐的方法，掌握自然拼读法，达到从未见过的词也能读准确，听到读音会拼写的效果。

在教学交通工具bike等单词时，除了告诉学生bike中的元音字母i/ai/的发音外，我还补充了几个有着相同发音规律的单词Mike，white，并将这几个单词自编了一些简单上口的句子Mike has a bike. Mike has a bike. It's white.使得教学内容更加丰富灵活。

2. 拼读教学

当学生掌握了一组字母音后，就可以进行拼读教学了。拼读教学是培养学生见词读音能力的基础，如果学生能够流利地拼读单词，就会对他们以后阅读和口语能力的提高有很大帮助。拼读应由2个音的拼读开始，如b-a-ba，a-n-an，e-n-en，i-n-in等；然后循序渐进进行3个音的拼读操练，如b-a-g-bag，t-e-n-ten，b-i-g-big，d-o-g-dog，s-u-n-sun，m-a-p-map等；再慢慢过渡到多个音的拼读。

此外，教师可把已学的字母组成单词，贴在教室的墙壁上，让学生自己拼读，或者编个小游戏，调动学生的学习积极性。

3. 拼写教学

利用自然拼读法来教学是要让学生通过音形一致的规律去记忆单词，而拼写教学就是指导学生把字母或字母组合的发音转变成字母拼出来或写出来。只要学生掌握了这种方法，记忆单词就变得轻而易举了。拼写教学一般可分为以下步骤。

（1）专心听：教师以较慢的语速说出一个单词，重复三次，让学生听清单词中所含的每一个音。

（2）仔细辨：教师可用提问的方式引导学生辨别并说出单词中含有的音。如：第一个音是什么，会是哪个字母？第二个音是什么，又会是哪个字母？

（3）工整写：当学生能准确说出单词中所含的音后，教师可开始指导学生把听到的音转变成字母并写出来。

（4）认真查：可采用自己查、教师查、同学互查等方法检查书写是否正确，并强调书写格式应规范。

4. 特殊单词，单独记忆

英语单词中还有一些不规则的单词，如do，have，some，live，son，put等，因此教师在让学生认识到单词读音规则的同时应记住一些特例。要让学生知道，自然拼读法适用于绝大多数单词，而不是所有单词，少部分单词要单独记忆。

5. 适时进行阅读教学

对于小学中年段的学生来说，阅读应从认读单词开始，然后到句子，再过渡到一些小故事的阅读。例如，学了a后，就让学生整体认读单词ant；学完第一组字母后，就可以指导学生根据读音来朗读"It is an ant."等句子，并利用图片或实物来展示句子的意思。然后把"It is an ant."等句子放到一首短诗或一个小故事中让学生去理解、去记忆。

（四）让学生发现规律、总结规律

单词记忆一直是困扰小学生学习英语的一大问题。单词的记忆方法甚多，但是适合小学生的记忆方法需要不断探索。人教版PEP教材主编吴悦心老师说："孩子们在学习单词时，并不能很快加以记忆，他们记忆单词时大多数是根据单词的形状来记忆的。"比如look这个单词，中间的两个o就可以当成是两只眼睛；又如学eye这个单词时，两个e是两只眼睛，而y就是在它们中间的鼻子。但是复杂抽象的单词，没有太多的形象记忆，而通过Phonics的有机渗透，同样可以让孩子们更快地记住它们。在课堂中把字母的发音规律加以强化训练，使学生不自觉地习惯它，听到读音时能够条件反射出这个单词的拼写，那么记住这个单词又有何难呢？

以PEP小学英语教材四年级上册Unit 6为例，这个单元学习关于职业的新单词，以其中含有er的两个职业单词为例：driver，farmer。我渗透字母组合er的发音规则的教学，先是出示了一个小男孩Peter，他戴着眼镜扮演一位教师，他在drinking water，于是连成了一句话：Peter, Peter, is a teacher.Peter, Peter, drinking water. 富有节奏的绕口令，一下子就把学生的注意力吸引过来了，学生在吟唱中就会慢慢发现er的发音是什么。因此在下一环节里，让学生根据发音读出driver，farmer就不是一件难事了，学生更可以发散思维，想出了mother，father等更多的单词来。最后我让学生记住以后含有er的单词就要学会自己拼读了。

Phonics在一定程度上有助于学生记忆单词，有助于学生自主学习。每天都学习新单词，学生会感觉学习负担越来越重，记住一个忘记另一个，这就要求教师善于启发与引导学生在听和模仿的过程中注意发现单词存在的共同规律，总结、归纳Phonics的拼读规律，帮助学生记忆，以提高学习效率。

（五）坚持及时复习巩固与应用

子曰："学而时习之，不亦乐乎""温故而知新"，可见复习和巩固在学习中的重要性。一般来说，小学生学得快，忘得也快。因此要帮助学生克服遗忘，应经常、持续地进行拼读和拼写教学，提高学生接触字母读音的频率，并将其与学生所学的内容相联系。通过长期接触与归纳，让学生有足够的机会去了解，进而熟悉这些规则，将来能够灵活运用。

四、结语

运用Phonics进行教学，帮助学生掌握了一定的Phonics拼读知识后，记住了词形也就记住了词音，记住看词音也等于记住看该词的拼写形式。在平时的词汇教学中有意无意地渗透自然拼读法，加上适当的练习，使学生遇到生词的时候就可以读准词音，提高了学生的听说能力，到了四年级就会发现，教师所渗透的这些知识已经在发挥效用了，而且是越到高年段效果越明显。学生快速而高效地学会并记住很多单词，增加词汇量，这为学生将来的学习奠定了坚实的基础，有助于提高他们学习英语的兴趣和自信心，大大提高了学生的学习效率。长期坚持下来，学生学会用这些方法拼读单词，就像汉语拼音一样，成了学生学习英语的语言工具。

【参考文献】

[1] 中华人民共和国教育部.义务教育英语课程标准（2011年版）[S].北京：北京师范大学出版社，2012.

[2] 孙媛.自然拼读法在小学英语教学中的应用[J].新课程（小学），2012（2），59-60.

第二辑

教学案例

Unit 3 My friends A Let's spell 教学设计

（PEP小学英语四年级上册）

普宁市流沙第二小学　陈贵妹

【学生分析】

四年级学生已经有一年多的英语基础，大部分学生课堂表现都很活跃、很积极。然而这个阶段的学生注意力不稳定、不持久，难以长时间地注意同一件事物，容易为一些新奇、刺激的事物所吸引。

【教材分析】

新版PEP小学英语四年级上册语音板块学习5个元音字母在开音节中的发音，对比这5个元音字母在开闭音节中的发音规律。从语音板块我们可以了解编者的意图——要求教师有强烈的语音意识。在教学中，我们也要培养学生的语音意识，养成见词能读、听音能写的单词识记能力，为今后阅读能力的提高打下扎实的基础。

【教学目标】

1. 认知目标

（1）复习巩固short o的发音。

（2）掌握字母o-e在单词中的发音。

（3）区分字母oo在单词中的发音，长音与短音在发音上及词形上的区别。

2. 能力目标

通过不断强化巩固训练，让学生掌握单词的拼读方法，掌握由字母到发音、由发音到字母的转换方法，从而培养学生"见词能读、听音能写"的能力。

3. 情感目标

通过阅读小故事 *The robot and Mr. Mole* 让学生明白朋友之间要互相帮助，培养孩子们合作互助的精神。

【教学重难点】

（1）教学重点：掌握o–e在单词中的发音。

（2）教学难点：从词形上判断字母oo在单词中的发音是长音还是短音并准确读出单词。

【教学准备】

教师准备多媒体课件、课文动画及音频MP3，并准备故事书*The robot and Mr. Mole*。学生准备小小单词书。

【教学过程】

Step1. Warming–up

a. Free talk.

T：　We have 5 vowel friends. Who are they？

（设计意图：从单元主题My friends引出孩子们熟悉的字母积木朋友。）

b. Revision. Talk about short o.

（设计意图：孩子们在三年级已经知道了o在一些单词中发短音，并能准确读出例词。复习的目的是由旧引新，给予学生思考比较的机会，培养学生积极思考的能力）

Step2. Lead-in

a. Watch a video about Magic e.

（设计意图：利用学生熟悉的字母积木动画，引出今天的重点内容o-e的学习）

b. Enjoy a chant.

（设计意图：从"班班通"丰富的网络资源中下载o-e的韵律歌谣，学生跟着节奏明快的chant练习o-e的发音）

Step3. Presentation

a. Show a picture of a nose. Students try to spell the word nose.

b. Get the students to guess whose nose it is. Students try to spell the word Jones.

c. Introduce Mr. Jone's friend Bob.

T：Bob gave Mr. Jones a note to tell him when to meet.

d. Students try to spell note.

e. Present the new word Coke.

T：Where did Mr. Jones put the note?

Ss：The Coke is on the note.

f. Students try to spell Coke.

（设计意图：以Mr. Jones为主线，呈现nose，Mr. Jones，note与Coke，引导学生边拼边写边体会字母o的发音，避免反复读单词的枯燥训练）

Step4. Practice

a. A chant.

Old Mr. Jones.

Put the Coke on the note.

Old Mr. Jones.

Put the note on his nose.

Old Mr. Jones.

Put the Coke on the note.

Can old Mr. Jones.

Put his nose on his nose?

（设计意图：利用课本的chant，练习新学的4个单词，操练做到词不离句、句不离篇）

b. Finish three tasks.

T：Bob gave another note to Mr. Jones. He asked Mr. Jones to finish three tasks. Let's help Mr. Jones.

（设计意图：通过帮Mr. Jones完成三项任务顺利去见他的朋友Bob，学生在完成任务的过程中检测了自己对刚学的o-e的掌握情况。三项任务从易到难，循序渐进）

Task 1：Read out loud.

（设计意图：学生利用单词书，在小组长的带领下，边拼读边写单词，这种适当的拓展有利于学生更系统地掌握读音规律，而不仅仅局限于几个单词中的字母发音）

Task 2：Read，listen and tick.

Task 3：Listen，circle and write.

Step5. Consolidation

a. Picture Hunt.

（设计意图：利用"班班通"强大的网络功能，登录starfall.com，学生边读单词边找正确的图片，做到音、形、义、用相结合，既巩固了读音，又可以扩充单词量）

b. Read a story. A robot and Mr. Mole.

（设计意图：Phonics是学习单词的基础，Phonics自然拼读学习能有效扩充单词量，利用Phonics进行教学，最终目的是学生能自主阅读。小故事虽然很简单，但starfall. com为每句话都配了一个小动画，增加了故事的趣味性）

Step6. Homework

（1）正确拼读课本第26页的单词。

（2）和朋友一起玩拼词游戏，比一比谁拼得又快又多。

（3）和小伙伴表演*The robot and Mr. Mole*.

【Blackboard writing】

Unit 3 My friends A Let's spell

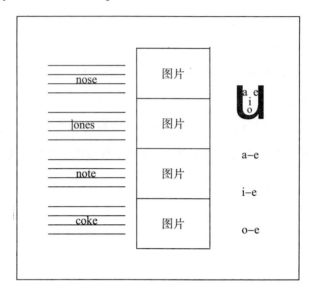

【教学反思】

本节课是四年级的语音课，重点学习o-e的发音。课堂上我运用Phonics教学法，通过不断强化巩固训练，让学生掌握单词的拼读方法，掌握由字母到发音、由发音到字母的转换方法，从而培养学生"见词能读、听音能写"的能力。

Phonics可以帮助学生学会拼读，帮助他们以后拼单词拼得更轻松，blending（拼读）是最关键的一步。我指导学生自制单词书，利用单词书，在小组长的带领下，边拼读边写单词，这种适当的拓展有利于学生更系统地掌握读音规律而不仅仅局限于几个单词中的字母发音。学生在拼词时还能将单词分类，这点是我没有料到的。比如：fove，gote，hole等为一类；fov，sov，cop等为一类，说明学生在课堂上的收获还是很大的。通过对比，他们知道了哪类单词中的字母oo是short o的发音，也知道了o-e在单词中的发音。

然而学生自拼的单词大部分为假词，为了让他们练习更多的真词，我通过"班班通"强大的网络功能，登录starfall.com，让学生完成关于long vowel o的picture hunt。其中有很多个含有o-e发音的单词，例如：bone, cone, pole, hose, rope, robe, rose等。学生边读单词边找正确的图片，做到音、形、义、用相结合。本环节给学生提供真词练习，针对性强，既不会浪费学生的时间和精力去练习不存在的词，更不会给学生误导，而拼读有意义的单词价值更高。

学习Phonics 的最终目的是让学生reading for information， reading for fun. 因此，在课堂的最后一个环节，我登录starfall.com，为学生呈现了小故事The robot and Mr. Mole. 阅读是检测Phonics掌握程度的最佳方式之一。学生通过阅读小故事，明白了朋友之间要互相帮助，同时培养他们合作互助的精神。

本文发表于《小学教学设计·英语》2017年第9期

Unit 6 How do you feel?
A Let's talk 教学实录

（PEP小学英语六年级上册）

普宁市流沙第二小学　陈贵妹

【学生分析】

六年级英语在小学英语教学中起着承上启下的作用，既是五年级的延伸，又是初中一年级的铺垫。我们的学生已有三年的英语学习经验，他们已经形成了一定的认知能力，能有秩序地参与课堂的活动，具有一定的自主学习和语言综合运用能力。

【教材分析】

新版PEP小学英语与旧版相比，虽然课程容量变小，但是给教师提出了更高的要求，如何利用背景、图片等隐性材料，让学生有更多的语言输出和语言实践机会，如何鼓励学生在现有语言支架的支撑下有自我创造的成果，是我们需要思考的问题。

【教学目标】

1. 认知目标

（1）能够掌握"四会"句子They're afraid of him. The cat is angry with them. 并能在实际情境中熟练运用。

（2）能够听、说、认读单词chase, mice, bad, hurt和句子 What's this cartoon about?

（3）能够独立完成Let's try部分的练习。

2. 能力目标

灵活运用所学语言进行交际。

3. 情感目标

教育学生要有良好的心理状态，善于表达自己的感受。

【教学重难点】

（1）教学重点：掌握"四会"句子They're afraid of him. The cat is angry with them.

（2）教学难点：能在实际情境中熟练运用句型。

突破方法：通过学生熟悉的图片，结合由词到句、替换关键词、跟读录音、分角色朗读等多种方式突破难点。

【教学准备】

教师准备多媒体课件、课文情景动画及音频MP3，并准备学生熟悉的卡通动画图片。

【教学过程】

Step **1.** Greetings

Step **2.** Free talk

Task : Got to know about Miss Chen.

S1: How do you go to school, Miss Chen?

T: I go to school by motorcycle.

S2: What are your hobbies?

T: I like reading books.

S3: What are you going to do this weekend?

T: I'm going to the park with my son.

（设计意图：学生运用已学知识与教师自由交谈，在交谈的过程中增加对教师的了解。学生真正地运用语言去获取信息，增强了学生学习的兴趣）

Step 3. Presentation & Practice

Task 1: Got to know about Miss Chen's son.

T: Well, is Miss Chen a mother?

S4: Yes.

T: How do you know that?

S4: You are going to the park with your son.

T: Cool! (PPT shows a picture) Look! This is my lovely son, Jerry. Usually we're happy. But sometimes Jerry makes me feel angry. See? This is his desk. What a mess!

And I ask Jerry to tidy up the desk. He answers, "Just a minute. I'm watching cartoons." How does Miss Chen feel?

Ss: Angry.

T: Right. I'm angry. I'm angry with Jerry. (T shows the word card written: angry with)

T: What about Jerry? How does Jerry feel?

S5: He's afraid.

T: Yeah, he's afraid. He's afraid of Miss Chen. (T shows the word card written: afraid of)

Miss Chen is angry with

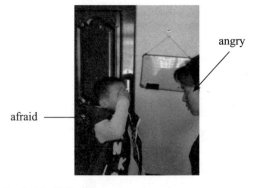

Jerry is afraid of Miss Chen

（设计意图：通过授课教师与儿子的图片，非常自然地引出本课时的重点内容：be angry with与be afraid of。这组图片深深地吸引了学生的注意力，在真实的情境中学生体验、感知新知识）

Task 2: Look and say.

S6: The big red wolf is angry with the big big wolf.

S7: The big big wolf is afraid of the big red wolf.

S8: The dog is angry with the cat.

S9: The cat is afraid of the dog.

（设计意图：给出学生熟悉的卡通图片，形象生动，大家都跃跃欲试）

Task 3: Talk about the famous cartoon *TOM AND JERRY*.

T: The picture is from the famous cartoon *TOM AND JERRY*. The cat usually chases the mouse in the cartoon.

T: Look! What is the cat doing?

S10: The cat is chasing a mouse now.

Task 4: Let's try.

T: Well, we like cartoons. What about Sarah and Sam? Let's listen.

T: Q1: Where are they?

S11: At home.

T: How do you know that?

S11: It's cold outside.

T: Well done!

T: Q2: What will they do?

S12: Watch films.

T: All right. Let's finish the self-assessment. How many happy faces have you got?

（设计意图：听力内容一般与Let's talk板块内容相关，教师引导学生抓住关键信息，提高听的能力。同时，引导学生对学习情况进行自评，让学生成为评价主体，这样也及时反馈了学生听力部分的完成情况）

Task 5: Let's talk.

Task A: Got to know the main idea of the dialogue.

T: Sarah and Sam are going to watch films. What film are they going to watch? Listen and find out: What's this cartoon about?

S13: It's about a cat.

T: Only a cat?

S14: And many mice.

Task B: Listen, repeat and underline: What does the cat do? What about the mice?

T: Now let's listen, repeat and underline: What does the cat do? What about the mice?

S15: The cat chases the mice.

T: Yes. What's the cat's job?

S15: The cat is a police officer.

T: What about the mice?

S16: They are bad. They hurt people.

Task C: Listen, repeat and circle: How does the cat and the mice feel?

（设计意图：通过一个个问题，学生在教师的引导下完成了本对话的思维导图，在头脑中建构起基础的语言框架，对对话内容了然于心）

Task D: Role play.

I can judge

评分标准
1.语音、语调。😊 😊
2.动作、表情。😊 😊
3.小组成员的合作意识。😊

（设计意图：学生进行角色扮演，其他学生当裁判。满分为5个笑脸。大家都是评委，听得特别认真。全体参与的教学评价方式让学生更多地关注同伴们的学习态度、参与程度与协作情况）

Step 4. Consolidation and extension

Task： Talk about the cartoons with your partner.

Challenge	These sentences may help you:
Choose one of the pictures and	What's this cartoon about?
talk about it with your partner.	It's about...is/are afraid of
	is/are angry with ...

学生自编对话展示。

Group 1:

A: Let's watch TV together.

B: What's this cartoon about?

A: It's about a family. The kid has big ears.

C: Cool! What's the kid's name?

A: His name is Hu Tutu.

D: Really? That's fun.

A: Look! He broke the cup. His mother is angry with him.

B, C & D: Haha! I want to watch the cartoon now.

Group 2:

A: What's this cartoon about?

B: It's about the big big wolf and the sheep.

C: Cool!

D: Look! The big bad wolf is chasing the sheep. How does the sheep feel?

A: He's afraid of the wolf. The wolf is bad.

C: But the sheep are smart. The wolf can't catch the sheep.

D: So the big red wolf is angry with the big bad wolf.

A: I want to watch the cartoon now.

Group 3:

A: Let's watch cartoons.

B: Great!

C: What's this cartoon about?

A: It's about Guangtouqiang and the bears.

C: Cool!

A: Guangtouqiang is bad. He cuts the trees.

The bears are angry with Guangtouqiang.

B, C & D: That's fun. We can't wait.

（设计意图：教师提供语言支架，学生四人一组，整合已学过的知识来创编对话。在活动中学生的合作意识得到培养，综合语言运用能力也得到了进一步提高）

Step 5. Homework

Finish page 58 Look and tell your partner.

【板书设计】

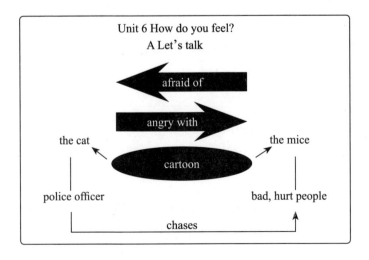

Unit 4 Then and now
B Read and write 教学设计

（PEP小学英语六年级下册）

普宁市流沙第二小学　陈贵妹

【教学内容】

PEP小学英语第八册 Unit 4 Then and now B Read and write

【教材分析】

本单元主要学习过去式，本课时运用一般过去时描述吴一凡的梦境。从课文的内容和话题设置来看，较为贴近学生的真实生活。通过这堂课引导学生阅读描述吴一凡梦境的文段并完成读后为图排序及填充对话的任务；通过小组合作学习，写一篇关于梦的小对话或创编一首关于梦的歌谣和歌曲；进一步提高六年级学生学习和使用英语的兴趣。

【教学设计】

本课时为阅读课，按照《义务教育英语课程标准（2011年版）》的要求，本节课应当是"以任务贯穿读、听、说的活动，让学生通过'感知—概括—应用'的思维来增长知识、发展能力"。基于此，本教学设计的落脚点有两点：

（1）阅读学习有助于提高学生的阅读能力和自主学习能力。

（2）通过合作阅读进行意义建构，在与文本相互作用的过程中，在理解、思辨的过程中培养学生的语言输出能力，即说话能力和写话能力。

【教学目标】

（1）语言能力：①学生能在教师的引导下，对文本内容进行预测；② 能理解文本，并能根据文本信息给图片排序；③ 能根据文本内容在对话模式的文本中填上合适的词语。

（2）思维品质：通过语言学习，运用所学英语进行口语表达、表演与展示，发展学生思维的创造性。

（3）文化品格：发展学生在学习中乐于参与、积极合作的态度，初步形成对英语的感知能力。

（4）学习能力：能通过小组合作学习，结合自己的实际，模仿课文文本，写一篇关于梦的小对话或创编一首关于梦的歌谣和歌曲，并表演。

【教学重难点】

（1）教学重点：能根据文本内容，在对话模式的文本中填上合适的词语。

（2）教学难点：能通过小组合作学习，结合自己的实际模仿课文文本，写一篇关于梦的小对话或创编一首关于梦的歌谣和歌曲，并表演。

【教学资源】

多媒体教学课件、教学卡片、录音机。

【教学过程】

Step1. Warming-up

（1）A song.

> Where did you go on your holiday, holiday, holiday?
> Did you run? Did you jump?
> What did you do?
> I rode a bike in the park, in the park, in the park.
> I didn't see a big round stone,
> And ouch, I hurt my foot!

（2）Learn the new phrase and the new word.

T: Wu Yifan didn't see a big round stone. So he tripped and fell.

(Ss practice the new phrase and get to know the meaning.)

T: If we trip and fall in a race, can we win the race?

Ss: No, we can't.

T: Look! There are many animals in the race. What are they? Who can win the race?

Ss: A horse, a dog, a rabbit, a tiger.

T: And is it a lion? Well, it's a cheetah.

(Ss practice the new word and get to know the animal.)

（设计意图：开课伊始，学生齐唱歌曲*Tell me about your holiday*，并从其中的一句歌词I didn't see a big round stone. 自然引出本课新词组tripped and fell的教学，再由动物的跑步比赛引出新单词cheetah。在阅读前扫清阅读障碍，降低阅读难度，提升学困生的学习信心）

Step2. Pre-reading

（1）Answer the questions.

T: What animal can run very fast?

S: A cheetah can run very fast.

T: How do you feel when you see a cheetah?

S: I feel afraid.

T: Cheetahs make us feel afraid. Then what makes you feel worried?

S: My cat is ill. I feel worried.

S: My mom hurt her foot. I feel worried.

S: I have a math test. I feel worried.

T: Right. If something bad happened, we feel worried. And if we are too worried, usually we can't sleep well at night. Then we'll have a dream.

（设计意图：通过动物的跑步比赛，罗列出数据，一目了然，猎豹以每小时120公里的速度位居榜首。猎豹使人心生害怕，教师顺势抛出问题： What makes you feel worried？ 并引出本课的主题： What a dream！ ）

（2）Predict the story.

T: Wu Yifan had a dream. How was the dream?

S: Maybe it was happy.

S: Maybe it was sad.

S: Maybe it was funny.

（设计意图：通过猜测吴一凡的梦，充分激活学生的思维）

Step3. While-reading

（1）Fast reading.

Read the passage quickly, and number the pictures.

［设计意图：渗透阅读方法一：skimming（略读）， circle the key words（圈出关键词）。学生在教师的指导下，能快速通过关键词为图片标号］

（2）Second reading： read it carefully and answer the following questions.

a. Why was Wu Yifan worried?

b.What happened then?

c. Why did he wake up?

［设计意图：渗透阅读方法二：scanning（寻读） ］

（3）Listen and fill in the blanks.

（4）Listen and imitate.

（设计意图：本环节教师引导学生注意运用重音、节奏、语调等语音手段把语言材料中的思想感情表达出来，有助于更好地培养学生的语感）

（5）Group work. Retell Wu's dream. Finish the mind map.

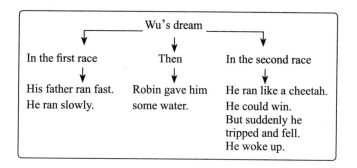

（设计意图：小组合作完成思维导图，对课文内容进行梳理，有助于学生对课文内容进行有效的内化）

Step4. Post-reading.

Post-reading	Word bank
To share your dream, you can:	the moon（月亮） the Mars (火星)
1. Make a new dialogue.	the South Pole (南极)
2. Make a new song.	Chang'e （嫦娥） aliens (外星人)
3. Make a chant.	superman （超人） spiderman (蜘蛛侠)

（设计意图：教师适时提供脚手架，学生四人一组，整合已学过的知识与同伴分享各自的梦。在活动中学生的合作意识得到培养，综合语言运用能力也得到了进一步提高）

Step5. Homework

（1）Turn to Page 38.Listen and imitate.

（2）Make a mini book. Share your dream with your partner.

Blackboard Writing

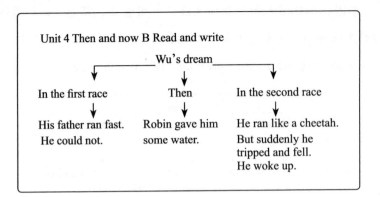

Unit 4 Let's read 教学案例

（PEP Primary English Students' Book 8）

普宁市流沙第二小学　陈贵妹

【教学目标与要求】

1. 认知目标

（1）能够读懂Let's read 部分的短文并完成短文后面的练习。

（2）能够听、说、认读以下单词和短语：left，got to，got back to，relaxed, prepared to...

（3）能够听、说、认读句子：It was a long holiday.We left Beijing on Febuary 1st and got to Harbin on the 2nd.For the last day of the holiday，we relaxed and prepared to go back to work or school.

2. 能力目标

运用本课所学的短语和句型，结合教师提供的旅游照片，给予学生充足的交流时间和机会，培养学生对语言的组合能力，以提高他们综合运用语言的能力。

【教学重难点】

（1）本课时的教学重点是听、说、认读句子：It was a long holiday.We left Beijing on Febuary 1st and got to Harbin on the 2nd.For the last day of the holiday，we relaxed and prepared to go back to work or school.

（2）本课时的教学难点是认读以下单词和短语：left， got to， got back to， relaxed， prepared to...

【课前准备】

（1）教师准备CAI课件。

（2）教师准备本单元B Let's learn 部分的单词卡片和一些旅游照片。

【教学过程】

Step 1. Greetings and Warming up

a.Greeting.

b.Reporting on duty.

c.Warming up.

T:Well,we have six teams today.I'll give each team a picture.Suppose you went there before.Now,Team 1.Where did you go on your holiday?

Ss:We went to Shenzhen on our holiday.

T:Shenzhen is a new city,it's very beautiful.Then you represent Shenzhen, I'd like to name you Shenzhen Team.

(T gives them a card written:Shenzhen Team.)

(At last,each team has their own name:Shenzhen Team,Hong Kong Team,Guangzhou Team,Jiuzhaigou Team,Beijing Team and Harbin Team.)

T:Wow!You've been to so many places.What about Zoom?Where did he go on his holiday?

Ss:He went to Canada.

T:Yes,he went to Canada.Let's chant it together.

(Ss chant after the tape.)

T:We can do many things on our holiday.Do you remember what Amy and Sarah did on their holidays?Let me show you some cards.And let's play a game:What's next?

(T shows the cards and asks:What did she do on her holiday?)

（设计意图：首先通过给小组命名，复习学过的句型及我国的城市名。接着学生咏唱节奏明快的chant，加深对已学知识的印象。最后的小游戏让学生缓解紧张情绪，更积极地投入新内容的学习中）

Step 2. Presentation

a.T:I like taking a trip on my holiday.Now,guess:Where did I go last year?

　S1:You went to Shenzhen.

　...

(Using CAI,show a photo in Jiuzhaigou.)

　T:Look!I went to Jiuzhaigou.It was a long holiday.We left Puning on July 21st and got to Jiuzhaigou on July 22nd.We got back to Puning on July 25th.It was a long holiday.

(Repeat it three times.Help Ss to understand:left,got to, got back to.)

b.Practise in groups.

（设计意图：利用自己假期拍的照片引出新的语言点，教师对新句型的三遍说读，让学生听得清楚，这符合"听先于说，听说领先，读说在后"，"理解在前，运用在后"的规律）

c.T:It was a long holiday.I was too tired.So I needed to relax.

(Using CAI,show the new word:relax/rɪ'læks/,help Ss try to understand the meaning and the usage of the new word.)

d.T:Look!What did you do after playing basketball?

　S2:We relaxed.

T:Good!You relaxed and prepared to have an English class.

(Using CAI,get Ss to watch the videos and help them to understand another new word:prepare.)

e.Practise in pairs.

（设计意图：有效利用现代化教育技术来拓宽学生学习英语的渠道，辅助教学实践，运用学生生活中的情境，激发学生的学习欲望）

f.T:Sarah had a long holiday.Let's watch the videos and find out what she did on her holiday.Try to answer the questions.

(Using CAI,show the questions:

1. When did they leave Beijing?

2. When did they get to Harbin?

3. What did Sarah do on Feb. 2nd?

4. What did Sarah do on Feb. 3rd?

5. What did Sarah do on Feb. 4th?

6. What did Sarah do on Feb. 5th?

7. What did Sarah do on Feb. 6th?

8. What did they do for the last day of the holiday?)

g.Ss answer the questions.T shows the answers on the screen.

（设计意图：通过听课文，要求学生完成一定的任务，使学生能够养成良好的听的习惯，为下一步口头交际训练打下基础）

h.Listen to the passage and repeat.

i.Ss ask and answer about the passage,practise in pairs.

j.Ss read through the passage.Then do the exercises in the textbook.

（设计意图：通过问答，加深对课文内容的理解，同时也培养了学生的英语口头表达能力；通过完成课后的练习，加强学生写的训练）

Step 3. Consolidation

Talk about Miss Chen's trip to Jiuzhaigou:

Ask and answer about the photos,then write a passage after class.

(Using CAI,show some photos.)

（设计意图：利用照片，从画面入手，起到生动、直观的作用，给学生创设一个比较真实的语境，让学生在这个语境中进行对话、增进情感，提高学生的学习兴趣，有效地巩固本课时所学的语言知识）

Step 4. Homework

Write a passage about Miss Chen's trip.

【教学实施效果的设想】

本课时的教学设计注重激发和培养学生学习英语的兴趣，注意培养学生自主学习的能力和合作精神。本课时教学目标中的知识目标是学生能够听、说、认读重点短语和句子，教学设计的中心目的是让学生扎扎实实、一步一步将已知的知识和新接收的语言信息有机结合，提高语言的交际能力和整合能力。

在教学过程中，我充分有效地利用现代化教育技术来拓宽学生学习英语的渠道，辅助我的教学实践，起到生动、直观的作用，从而激发出学生的学习欲望。

本节课我采用的个人与教师评价相结合的办法，不仅避免了以往评价权利只操纵在教师一人手中的主观性和片面性，同时通过自我反思及他人的认可，使学生产生自信与超越自己的目标，有利于学习者的成长和发展。

Unit 3 Asking the way
A Listen，read and say 教学案例

（《牛津小学英语》6B）

普宁市流沙第二小学　陈贵妹

【教学内容】

A Listen, read and say (The first period)

【教学目标】

（1）掌握"四会"单词及问路的句型：way, along, street, get, road, take, stop. Excuse me, can you tell me the way to the..., please?

（2）掌握"三会"单词及指路的句型：crossing, miss, kilometre, get off, the History Museum, the post office. Go along this street and then turn right/left at the...crossing. How far is it from here? It's about a kilometre away. You can take bus No.8.

（3）引导学生运用一定的阅读技巧正确地理解、掌握对话内容，提高学生整体理解语篇的能力；通过本课的学习，让学生学会运用已学内容向他人正确地问路、指路。

（4）引导学生小组合作，培养学生的合作意识。

【教学重难点】

（1）教学重点：能运用一定的阅读技巧正确地理解、掌握对话内容，并能朗读对话。

（2）教学难点：能比较流畅地朗读对话，并能在掌握对话的基础上，运用本课语言正确地向他人问路、指路。

【教学准备】

（1）设计制作两张地图。

（2）录音机，一个信封，课文中两个角色Mr. Smith和YangLing的头像，单词卡片。

（3）将学生分成四人一组。

【教学过程】

Step 1. Greetings and warming up

（1）Duty report.

（2）Do some actions.

Left, left, right, right.

Left, right, left, right.

Go, turn around, go, go, go!

（设计意图：营造轻松活泼的氛围，唤醒学生已有的知识储备，为以下的学习做铺垫）

Step 2. Presentation

（1）Put the map on the blackboard and show a letter.

T: Boys and girls, here I have a letter. I want to send the letter to my friend. So I'm going to the post office. But where is it?

（2）Ask a student to point it out.

S: It's here!

T: Thank you. How can I get to the post office? Excuse me, can you tell me the way to the post office, please? Come and follow me, please. Go along this street, turn left when you get to Liushi Road. Go along Liushi Road, and then turn left at the second crossing. Go along this road and then turn right at the second crossing. The post office is on your left. You can't miss it.

（3）Ss try to follow the teacher and repeat.

（4）Present "bus stop".

T: From our school to the post office, that's a long walk. How far is it from here? It's about a kilometre away. How can I get there faster?

S1-4: By bike\ bus\ taxi\car.

T: I don't have a bike and I don't have a car. I have only 2 *yuan*.

S: You can go by bus.

T: Yes, I can take a bus. Where's the bus stop?

S: It's in front of the bookshop.

T: Excuse me, can you tell me the way to the bus stop, please?

S: Go along this street and then turn left. The bus stop is on your right.

T: I can take bus No.8. How many stops are there? Let's count.

T&Ss: One, two.

T: There are two stops. So I can get off at the second stop.

（设计意图：在进入文本之前，对文本中出现的新单词和句型进行大量铺垫，通过在地图上画路线图，学生可以一目了然。教师大量的语言输入是在为学生的语言输出做准备）

Step 3. Text learning

（1）Show a photo of Mr. Smith and a photo of Yang Ling.

T: Miss Chen wants to go to the post office. What about our new friend, Mr. Smith? He comes from Australia. He is living in Nanjing now. Where does he want to go? He is asking Yang Ling how to go.

（2）Fast reading and answer the questions.

a. Where does Mr. Smith want to go?

b. Where else does he want to go?

（设计意图：泛读训练能改变学生过度分析语言以及见到生词就查字典的习惯，能让他们学会为了获得意义而阅读，并最终在阅读实践中学会阅读）

（3）Listen to the tape, find out how Mr. Smith asks the way to the History Museum.

a. Listen once, try to write down the key words.

b. Open the books and listen again, underline the questions Mr. Smith asks.

c. Ask and answer in groups.

（设计意图：通过小组合作的方式，找出问句的相关答句，让学生在合作学习中发现和解决问题）

（4）Open the books and try to find out the answers to the following questions.

a. How does Yang Ling show the way to the History Museum?

b. How does Yang Ling show the way to the post office?

（设计意图：针对所读语篇的细节引导学生精读，在精读过程中利用朗读纠正学生语音、语调等发音层面的问题）

（5）Listen to the tape and repeat the whole text.

（6）Read the text again, and complete the sentences on Page 23.

Step 4. Consolidation

Make a dialogue.

T: My foreign friends come to Liusha. Your English is not bad, right? You can talk to them, I am sure. Maybe they want to see me in our school or maybe they want to visit somewhere in Liusha. Can you tell them the way? Try to draw a map like this, and make a dialogue. Let's work in groups.

（设计意图：文本的再利用，巩固、拓展相关知识，联系生活实际，将英语学习由课堂延伸到日常生活中，从而使学生在做事情的过程中自然运用英语，培养其语言运用能力，体现了学以致用的教学原则）

Step 5. Homework

（1）Listen and repeat the text at home.

（2）Try to retell the text.

【课后反思】

本学期我们尝试改变传统的先教词汇、句型，然后反复识记单词、操练句型，再读文本的语篇教学模式，探索新的方式：先整体呈现语篇，让学生在充分感知语言材料的基础上，再深入理解文本，吃透细节，最后强化体验文本，适当拓展运用，提升文本，为以后进一步掌握语篇中的新语言知识做好铺垫。在本节课的教学中，我抓好了以下几点。

1. 衔接自然

上课伊始，我安排学生进行热身活动，复习与阅读材料相关的已学内容，为之后的阅读教学做好铺垫。在导入环节，我创设了要去邮局寄信的情境，从而引出了问路与指路的有关内容，巧妙地教授了影响理解阅读材料的生词：get to, crossing, miss, kilometre, take bus No..., stop等。并将此环节与Mr. Smith和Yang Ling之间有关问路的对话巧妙地联系起来，自然过渡到语篇的学习。

2. 教具简易

这节课虽然没有华丽的多媒体课件，但我充分利用和发挥自制教具的作用。另外，黑板和板书的作用贯穿教学的始终。由于教具简便灵活，我使用起来得心应手，使整堂课自然、连贯。

3. 小组合作

由于班里学生人数较多，我无法关注每一个学生，因此我营造合作的氛围，促进学生共同合作、互相帮助，从而培养其合作互助精神。学生互问互答，小组间合作对话，真正做到了把课堂还给学生，让每名学生都参与到课堂教学之中。

4. 阅读技巧

语篇教学要求教师帮助学生养成良好的阅读习惯，掌握有效的阅读策略，培养学生的自主学习能力。本节课我十分注重对学生阅读技巧的指导：在初读中整体感知、理解大意，在寻读中理解文章的细节，在精读中理解语篇、关注细节。

当然，本节课的教学还存在一些有待改进和完善的地方，如课堂上留给学生朗读的时间还不够，导致部分学生逐词朗读。朗读是一种综合性、高效率的语言实践活动。在今后的教学中，我要给予学生一定的自主时间，听录音读、个别朗读、小组轮读、领读或分角色朗读，指导学生扩大朗读的视野，引导学生以词组和句子为单位进行朗读。这样就会改变学生逐词朗读的不良习惯，提高其阅读的速度和阅读的理解能力。

Unit 5 What does she do?
B Let's learn 教学设计

（PEP小学英语六年级上册）

普宁市流沙第二小学　陈贵妹

【教学内容】

本课时教学内容是PEP小学英语六年级上册Unit 5 What does she do? B Let's learn 部分。本单元的学习活动围绕"职业"话题展开，重点学习表示职业的词汇与句型。

【学情分析】

本课的授课对象是六年级学生。六年级学生已经学习了三年的英语，他们储备了一定的语言知识，并具备了一些综合语言运用能力。该班级学生对教师的课堂用语比较熟悉。

【设计理念】

1. 以学生为主体

《义务教育英语课程标准（2011年版）》要求教学设计要符合学生生理和心理特点，遵循语言学习规律，力求满足不同类型和不同层次学生的需求，使每名学生的身心得到健康发展。"学探练评"课堂教学改革模式，确实抓住了教与学的本质，体现了现代教育教学理念，发挥了学生的主体作用，老师除导学点评和对关键问题进行点拨揭示外，能腾出更多时间来帮扶转化学困生，同时发动小组协作探究，当堂训练。小组合作学习是课堂教学中充分发挥学生主体作用的一种有效方法，也是当前引导学生主动学习的重要途径。

2. 倡导参与，体验成功

《义务教育英语课程标准（2011年版）》倡导教师依据课程的总体目标并结合教学实际，创造性地设计贴近学生生活实际的教学活动，吸引和组织他们积极参与。在教学中我采用了"任务型"的教学途径，设计了歌曲、歌谣、情景表演等多种形式的教学活动，让学生通过体验、实践、讨论、合作、探究等方式，学习和使用英语，发展听、说、读、写的综合语言技能，并让学生在活动中体验成功，获得学习的自信心。

【教学目标】

1. 知识与技能

（1）能听懂课内所学新词，读得准，能上口。

（2）能够听说、认读句型 —How does he go to work？ —He goes to work by bike，并能在情景中运用。能运用句型—What does your…do？ —My…is a/an…，介绍人物的职业。

2. 过程与方法

能运用小组合作学习方法进行自主学习、合作探究。

3. 情感态度与价值观

（1）培养自主学习意识和合作探究精神。

（2）培养从小树立远大理想，为实现理想而努力学习的精神。

【教学重难点】

（1）教学重点："四会"单词的掌握，并能简单问答，介绍职业。

（2）教学难点：单词 engineer, accountant, salesperson 的拼、读。

【教学准备】

（1）教师准备教学卡片、家人与朋友的照片、录音机、磁带。

（2）学生四人一组，准备卡片、家人照片。

【教学过程】

Step1. Warming up

（1）Greetings.

（2）Duty report.

T: Who's on duty today?

Alice: I am.

T: Are we all here?

William: Yes, we are.

T: What's the date today?

Sammi: It's December 8th.

T: What day is it today?

Alice: It's Wednesday.

T: What's the weather like today?

Yan: It's sunny but cold.

（3） Show time.

T: What would you like to show us today?

Alice, Sammi, Yan and William: Let's talk.

Alice: (showing a picture) Look! This is my family photo.

William: Who's she?

Alice: She's my mother.

Sammi: What does your mother do, Alice?

Alice: She's an actress.

Yan: How does she go to work, Alice?

Alice: She goes by taxi.

Yan: Where does she work?

Alice: She works in a TV show.

William: What's your mother's hobby?

Alice: She likes listening to music.

（设计意图：Show time环节是由学生四人一组在课前根据已学知识准备好的小对话，这一环节不仅能让学生开口说英语，也让教师在对话中了解学生对旧知识的掌握情况，还能进一步营造浓厚的英语学习氛围）

Step2. Presentation

（1）A song.

T: What's the song about?

S: It's about'My family'.

T: Good job! Now let me tell you about my family and my friend. Look!This is my friend. She's from the USA. She likes drawing and math. She's an engineer. She goes to work by car.

T: Look! This is my husband. Do you want to know something about him? You can ask me some questions.

S1: What does your husband do?

T: He's an accountant.

S2: How does he go to work?

T: He goes to work by car, too.

S3: What does he like?

T: He likes math. Good job! Now let me introduce my brother.

S4: What does your brother do?

T: He's a policeman.

S5: How does he go to work?

T: He goes to work by motor cycle. And this is my sister.

S6: What does your sister do?

T: She's a salesperson. She sells shoes. She works in a shoe store.

S7: How does she go to work?

T: She goes to work by bike. And the last one is my mother. Do I look like my mother?

Ss: Yes.

T: OK. Now ask something about my mother, please.

S8: What does your mother do?

T: Well, she doesn't go to work now. But she was a cleaner when I was a school girl. She worked hard for us. She's a great mother.

（设计意图：通过展示教师家人与朋友的照片，极大地吸引了学生的注意力，勾起学生的好奇心，使其全身心地投入新课的学习中来，边学边用，学以致用，学生在真实的情境中自然地运用英语）

（2）Listen to the tape.

Turn to Page 61, listen and repeat. Ask the students to pay attention to the pronunciation and intonation.

（3）A game.

T: Let's play a game. If I'm correct, say after me. If not, please don't. Are you ready?

Ss: Yes!

（设计意图：机械重复的操练会使学生厌烦，于是我设计了小游戏，能有效集中学生跟读的注意力和兴趣）

Step3. Practice and consolidation

Activity 1:

Use the cards, practice the new words and try to find out the best way to remember the new words in groups. Then fill in the blanks and make a chant.

_____, I'm here!

_____and_____, we're different!

Listen! Listen! I'm a_____.

_____, work harder!

T: Have you finished? Can you tell me the way you remember the new words, please?

S1：我发现engineer的en发音与字母N是一样的，而neer则与near的发音相同。

S2：我是这样记accountant的。先记住count，是数数的意思。所以，accountant是与数数有关的，是会计的意思。

S3：有时商店大降价，都会贴出ON SALE的字样，sale应该是卖东西的意思。salesperson是售货员。

S4：policeman是由police加man组成的。

S5：之前我们学过singer, teacher, TV reporter, 词末都有er，今天学的cleaner也一样。

T：You're great! Now let's finish the chant together.

Engineer, I'm here!

Accountant and salesperson, we're different!

Listen! Listen! I'm a policeman.

Cleaner, work harder!

（设计意图：让组员在小组长的组织下，先练习单词的发音，后各抒己见，分享各自记忆单词的好方法。通过合作探究获取知识，完成小歌谣的编写。本课的难点就在小组合作中突破了）

Activity 2:

T: You all have your family photos here, please talk about your family in groups. Talk about their jobs and the ways they go to work. And try to write down your dialogue.

Group 1:

A: Look! This is my family photo.

B: Who's the woman?

A: She's my mother.

C: What does your mother do?

A: She's an accountant.

D: How does she go to work?

A: She goes to work by bike.

Group 2:

A: Who's the young man?

B: He's my brother.

C: What does he do?

B: He's a policeman.

D: How does he go to work?

B: He goes to work by bus.

...

（设计意图：自带家人照片，创设真实情境，学生能较自然地运用所学知识，培养了学生用英语进行交流的能力，发展听、说、读、写的综合语言技能）

Step 4. Extension

Talk about dream jobs in groups.

T: We know so many jobs, they are different. What are you going to be in the future? Talk about it in your groups and tell me why.

S1: I am going to be a singer, because I like singing.

S2: I'm going to be a teacher, because I like English. I want to be an English teacher like Miss Chen.

S3: I'm going to be an engineer, because I like drawing and math.

S4: I'm going to be an accountant, because I like math.

...

T: Wonderful! You all have beautiful dreams. Come on and work hard, I'm sure you can achieve your dreams in the future!

（设计意图：引导学生谈论各自的理想职业，培养学生从小树立远大理想，为实现理想而努力学习的精神）

Step5. Homework

Choose any one you like to finish after class.

（1）Write a passage about Miss Chen's family. （5☆）

（2）Make a dialogue with your partner: Talk about Miss Chen's family. （3☆）

（3）Write the five new words by yourself. （2☆）

（设计意图：作业超市的设计，力求使优秀生吃得好，中等生吃得饱，学困生吃得了，满足不同类型和不同层次学生的需求）

【板书设计】

Assessment	Unit 5　What does she do?　B Let's learn. —What does your ... do?　—She/He is a/an ... —How does she/he go to work?　—She/He goes by				
1. _ng_ n_ _ _ 2. _cc_ _nt_ _t 3. p_l_c_m_ _ 4. s_l_sp_ _ _s_n	照片及单词卡片				
	by car	by taxi	by motor cycle	by bike	on foot

【课后反思】

在本节课的教学设计中，我结合教材和学生的特点，依据《义务教育英语课程标准（2011年版）》的精神，从激发学生的学习兴趣、培养良好的学习习惯出发，合理设计教学任务，开展形式多样的教学活动，让学生积极参与，共同合作与交流，发展学生的综合语言运用能力。

新课伊始，我用家人与朋友的照片吸引学生的注意力，学生极有热情地加入新课的学习中。5个表示职业的单词的拼写是本课的难点，我设计了学生小组活动，轻松地化解了该难点。同一个小组内，学生的学习水平有高有低，相互之间可以取长补短。实践证明，留给学生思考的时间与空间，他们能找到更适合自己的记忆单词的方法，比教师讲千遍万遍的效果好得多。

创编对话环节的设计，让所有学生有机会真正运用新知语言去交流并感知语言的功能，这样有利于学生更加牢固地掌握所学。

　　整节课，我设计了一个过程性评价，采用小组评价方式激励学生。4个职业名称代表4个大组，哪个组最先补充完整该组的代表单词，就是冠军。这样的评价方式让学生始终保持高涨的热情和学习兴趣。然而，每个组是否得分完全由教师决定，学生没有参与评价的机会，这是我本次教学设计有待改进之处。

Unit 3 Look at me! A Let's learn
& Let's do教学设计

普宁市池尾街道塔丰小学　　陈映灵

学科	英语	年级	三年级
教师姓名	陈映灵	学校	普宁市池尾街道塔丰小学
教材版本	人教版（三年级起点）		
课题	Unit 3 Look at me!　　第2课时		
教材分析	本节课为三年级上册第三单元的教学内容，对整个学期的教学起到一个承上启下的作用。本单元以"body"为话题，本节课的主要学习内容为五官的教学以及用句型This is my...来表述介绍自己的五官，为下一单元描述动物做铺垫		
学情分析	三年级学生刚开始接触英语，课堂中通过卡通人物和各式活动来激发学生学习的兴趣，知识从易到难、由浅入深，使学生更容易接受新知。对于单词的认读及个别单词的发音需要老师多加关注。通过老师的引导，大部分学生能够运用所学对实际事物进行口语描述		
理念与方法	在多媒体课件中，运用影视作品中的卡通人物，提高学生学习热情；运用录制的音频进行猜测游戏，激发学生好奇心；通过动画、视频吸引学生注意力，调动学习积极性		
教学目标	1.掌握eye, face, ear, nose, mouth这些关于身体部位的单词，做到能听说、认读，并能用英语介绍自己身体的部位。要求做到发音准确、语调自然。 2.能听懂Let's do里的指令性语言并正确做出相应的肢体动作。 3.能通过学习有关身体部位的单词及相关句子，激发学生学习英语的兴趣，培养实际运用英语的能力		

续 表

教学重点	1.听懂、认读、会说五个身体部位的单词：eye, face, ear, nose, mouth。 2.能用本课单词介绍自己的身体部位			
教学难点	1.听懂Let's do里面的指令性语言，并正确做出相应的动作表演。 2.读准nose和mouth两个单词			
信息化环境	多媒体课件、动画播放插件			
补充教学资源	歌曲视频、动画课件			
前置作业 （可选）	通过一起作业布置课前跟读练习			
教学过程	教师活动	学生活动	信息化支撑 （环节上可选）	设计意图
环节一 (Lead in)	1.问候Hello./Good morning./How are you?	1.问候Hello./Good morning./Fine, thank you.		复习已学关于问候的表达方式
	2.Let's play	2. Sing together	播放Let's play的动画	激发学习兴趣
环节二 （Presentation）	1.介绍新朋友Mr. Q	1.通过音频，猜测今天的新朋友	播放音频	引起学生探索的好奇心
	2.学习face, eye Look at me. This is my face. Touch your face. Look at me. This is my eye. Touch your eye/ eyes	2.学习新词，听指令做动作；开火车认读单词	PPT展示人物图片	先从发音较为容易的两个单词开始学习，结合Let's do中的动作
	3.学习mouth Look at me. This is my mouth. Open/Close your mouth	3.学习新词，听指令做动作；个别认读单词	PPT展示人物图片	mouth发音较难，单独纠正学生发音
	4.学习ear, nose	4.通过猜测，学习新词	PPT展示猜测线索	通过小游戏吸引学生注意力

过程	教师活动	学生活动	信息化支撑（环节上可选）	设计意图
环节二（Presentation）	5.进入课文学习，观看动画，跟读录音	5.观看动画，跟读录音	播放课文动画	扎实学习基础知识
	6.小游戏：Big bomb	6.参与认读单词的小游戏	PPT动画呈现游戏	提高学习趣味
环节三（Extension）	1.通过情境设计闯关任务	1.了解情境内容	播放情境	运用任务型教学法
	2.任务一：在图片的帮助下，复述Mr. Q的自我介绍	2.尝试复述自我介绍的内容		锻炼学生的口语表达能力
	3.任务二：Let's do	3.听指令，做动作，流畅完成Let's do	播放动画、音频	运用TPR教学，增加课堂趣味
	4.任务三：听录音，给单词排序	4.完成听力练习	播放听力	提高听力水平，进行课堂效果检测
	5.任务四：运用This is ... 这个句型，介绍自己的五官	5.运用This is ...介绍自己的五官		锻炼学生综合运用知识的能力，进行课堂效果的检测
环节四（Sum up）	1.齐读课文	齐读课文		回顾重点知识
	2.情感教育：保持良好的书写、学习习惯			在课堂中渗透情感教育
	3.评价学生课堂表现			激励学生
课堂评价方式	小组竞争，师生评价			

续 表

板书设计思路	Unit3 Look at me! A Let's learn & Let's do ear　eye nose face mouth
教学反思	优点： 1.教学设计面向全体学生，重点知识基本掌握，能做到突破难点。 2.课堂活动形式多样，小游戏和猜测环节能激发学生的学习兴趣。巩固练习部分难易结合，听力练习检测学生基础知识的掌握，口语练习检测学生综合运用知识的能力。 建议： 1.对于耳朵、眼睛这些有复数形式的单词，可利用简单易懂的动词让学生了解单复数的区别。 2.发音较难的单词，应多关注个别学生的发音

Unit 4 Who can be my friend? 教学设计

普宁市池尾街道塔丰小学　陈映灵

课题	Unit 4 Who can be my friend?
教学内容	PEP5 Unit 4 B Read and write
教学目标	知识目标： 1.能够读懂简单的电子邮件，能用I can.../I can't...介绍自己或他人的特点和能力。 2.完成判断对错、完成图表、填写语句等活动，理解和正确朗读：Try me! Send an email, *robin@urfriend.cn*等生词和短语。 能力目标： 学生能根据自己的实际情况给Robin回复E-mail。 情感目标： 乐于交友，与人分享； 能够针对自身的长处和短处，帮助别人或向他人学习
教学重难点	教学重点：能理解短文，并做相应的练习。 教学难点：E-mail内容的书写
教具学具	PPT
教学过程	Blackboard Writing: Unit 4 Who can be my friend? *robin@urfriend.cn* name　　　　　　　　　　　　　charactor Robin the robbot　　　　　　　friendly and funny can do speak English and Chinese　　can't do do some kungfu play ping-pong　　　　　　　swim

教学过程	【课前准备】
	播放歌曲视频*What can you do*？
	（设计意图：为了给学生营造一种轻松、愉快、和谐的学习氛围，使学生尽快融入课堂，也为本课时的学习做铺垫）
	Step 1. Pre-reading
	（1）Say you, say me
	T: Let's guess! Who is she? She is... Yes，this is me.
	T: Do you want to make friends with me? If you want, you can say something about you like this: Amy, try me! I want to be your friend.
	Ss share their charactors and abilities.
	（2）Free talk: I can/ can't...
	Can you...?
	（设计意图：以Free talk的形式激活话题，活跃氛围，了解彼此。搭建小语篇描述自己的性格特征、能做和不能做的事情，于课堂一开始就在语义练习中加入了语用功能，为语篇的学习搭好了支架，做好了铺垫）
	（3）Lead in: Introduce "Robin"
	①→Find out the word that appears the most — "robot"
	②→Brainstorm: Meet Robin
	T: Look, this is the robot.
	T: Do you remember who made Robin?
	Ss: Wu Yifan's grandpa.
	T: What's he like?
	S1: He's very clever. S2: He's hard-working.
	S3: He's very helpful. S4: He's strict...
	T: What else? Listen!
	Ss: He's friendly and funny.
	T: What can he do? Let's have a guess.
	Ss: Maybe he can ...
	T: What can't he do?
	Ss: May be he can't...
	（设计意图：通过字母阵设置问题，激发学生探知的欲望，自然引出"robot"。头脑风暴让学生有意识地回顾收集前面几个单元中Robin的相关信息，并对What can Robin do? What can't Robin do做出大胆的预测，从而启迪学生的智慧，活跃学生的思维，为篇章阅读埋下伏笔、做好铺垫）
	Step 2. While -reading
	（1）Read and underline (默读文本，找出信息)
	T: Today Robin sends me a QQ message. Read and underline. What can he do? What can't he do?

教学过程	Ss: Robin can ... But Robin can't..
	（2）Read and tick or cross (再读文本，判断正误)
	T：Read again and finish the tick or cross. Underline the evidence.
	（3）Read and answer (细读文本，理解思考)
	T：Look at Robin, is he happy?
	Ss: No.
	T: Why does Robin send me a message?
	Ss: He wants new friend.
	T: Yes. If you want to be Robin's friend, what can you do?
	A.post a letter B. send an email
	Ss: Send an email.
	T: tail ai / ei/– /m /–/ei/ – /l/–mail –email (自然拼读法的渗透)
	T: What is Robin's email address?
	S1: robin@urfriend.cn.
	T: Yes. You got it! @ means at, ur means your, . means dot. Can you read?
	T: If you want to make friends with Robin, you can send an email at robin@urfriend.cn.
	So Robin says: please send me an email at robin@urfriend.cn.
	T: It's a long sentence, Let's make a pause.
	（设计意图：层层递进，对阅读文本的重难点进行巧妙的化解。有效预测，画出信息，正误判断，问题推进，厘清脉络，不仅引导学生快速完成信息的搜索，而且培养了学生的阅读策略，提高了学生的阅读能力）
	（4）Look and say
	T:This is Robin's information. He is....
	（设计意图：思维导图的运用，有助于学生总结归纳文本的核心内容，同时也为语言输出搭建有效支架）
	（5）Let's listen carefully (感知Robin的语音、语调)
	（6）Read along
	（7）Read by yourself
	（设计意图：通过细听、跟读、合口读、自由读，不断感知Robin的语音、语调，加强学生按意群朗读的技巧。范读中的声音是机器人，学生在朗读时有充足的"角色代入感"，趣味盎然）
	（8）Act like Robin
	Step 3. Post–reading
	Task1：Read Baymax's email
	（1）Lead in: Baymax
	T: Robin is receiving a new email. Guess? Who wrote this email?
	T: Watch the video .
	T: Talk about Baymax: Baymax is / has /can ...

续表

教学过程	（设计意图：通过新邮件的声音，激发学生兴趣，猜测邮件来自谁。进而通过小短片的观看，引起学生对 Baymax 的回忆） （2）Read the Baymax's email and fill in the blank. Task 2: Let's write T: Now it's your turn. Write down what can you do and what can't you do, and make friends with Robin, OK? You can share together and help each other with Robin. Task 3:Let's share T: Now Robin has so many friends. He must be very happy. （设计意图：通过Baymax和Robin会与不会的事情对比，提炼出we can ＿＿＿＿ together. We can help each other.的情感升华，给学生提供了仿写的范例和支架。给予学生范例，充分引导学生运用关键句型给Robin写一封邮件，学生根据自己的实际情况与Robin分享，语言输出真实自然，学生在潜移默化中提高了语言使用的敏感度） Emotion infiltration: We need shining friends. Step 4. Homework （1）→Listen and imitate the text correctly. （2）→Try to retell the text with your classmates. （3）→If you want to make friends with me, please write an email to me.

Unit 3 My weekend plan
A Let's talk 教学设计

（PEP小学英语六年级上册）

普宁市流沙南街道后坛小学　罗　琼

Grade	6	Week	7	Period	2
Unit	3	Type	New	Teacher	Luo Qiong
Teaching contents	A Let's try / Let's talk				
Teaching analysis	六年级的学生经过三年时间的英语学习，具备一定的语言基础和良好的语音、语调，能进行简单的对话。但是也有部分学生由于不自信，越学越差。对于大部分学生，可以设计简单的英语对话，以小组合作形式让优生带动基础较差的学生				
Teaching aims and demands	本节课结束前，学生能够完成： 1.对话朗读，角色扮演，语音、语调正确、自然。 2.在情景中运用以下句型：What are/is... going to do? I'm going to...提问及作答。听、说、读、写同时兼顾。 3.在语境中理解对话，发音正确。 4.对同学周末计划的调查活动（本页）				
Important and difficult teaching points	1.怎样用好Sounds great!/ Have a good time! 2.词汇：tomorrow, have an art lesson的读音及理解				
Teaching aids	PPT, CD-ROM				
Teaching procedures: Step 1. Warm-up and revision （1）Chanting					

（2）Free talk. 介绍自己国庆做过的一些事情，询问学生做了什么，然后提到周末即将来临，询问几个学生的周末计划。（talk 的过程板书重点句型）再让学生猜老师准备做什么（出示遮掉一部分的图片，让学生猜：Are you going to...?）猜测的过程激发学生已有的词汇储备。猜完后教师做系统的介绍（引导学生学会系统地介绍周末计划，为下面的学生报告做好示范）

Step 2. Presentation

（1）由以上话题引入人物 Mike 和 Sarah 的周末计划。Look at the picture. Mike is on the phone with Sarah. Do you want to know their plans for the weekend? 完成Let's try的听力练习。先介绍对话背景，听前预测。（训练学生做听力题的技巧）

（2）Mike is going to do his homework and go fishing this Saturday. What will Mike and Sarah do tomorrow? 呈现问题，引入Let's talk部分的对话。带着问题观看对话（动画），获取文本信息，解决问题。

（3）播放电脑录音，学生跟读对话两次（提醒学生注意模仿语音、语调）。重点强调个别难读音。之后是齐读对话，分角色朗读……

Step 3. Practice

（1）Doing a survey. What about you? What are your weekend plans? Now four students in a group. Talk in groups.学生以talk的形式调查其他组员的周末计划，四人一组展开对话。（会话操练）

（2）（Giving a report.每组由一名代表介绍组员的周末计划。（由此训练学生的语言组织能力）

Step 4. Sum up

Today we know Mike's and Sarah's weekend plans. And we have learned how to ask about someone's plan.引导学生齐说：What are you going to do? 和回答:I'm going to...

Step 5. Homework

（1）Do a survey about your parents' weekend plan.

（2）Recite the dialogue

Blackboard Writing Design

Unit 3 My weekend plan

A Let's try/ Let's talk

tomorrow	—What are you going to do?	Sounds great!
/ə/ /ɒ/ /əʊ/	—I'm going to...	Have a good time!
have an art lesson	—What is he/ she going to do?	have to
	—He/ She is going to...	Are you going to...?

Unit 2　My days of the week
A Let's learn 教学设计

（PEP小学英语五年级上册）

普宁市流沙南街道后坛小学　罗　琼

【教材分析】

本单元要求学生能够简单描述一周内的学习和生活情况，能够简单地介绍学校的课程以及个人的周末安排。四年级上册复习一中出现过有关星期的歌谣，所以学生对这一知识已经有所了解。本节的主要内容是能用英语描述一周内的学习和生活状况，使学生进一步懂得珍惜时间的重要性。本课例是A部分的 Let's learn ，内容主要是周一到周五5个单词的听说读写，并能回答："What day is it today?　What do you have on ...? "内容比较简单，贴合学生生活，主要是引导学生逐步体验学习的过程，让学生学会学习，并感受学习的快乐。

【学生情况分析】

学生刚升入五年级，根据小学高学段学生的特点，他们学习英语的热情虽然没有低学段学生那么高，兴趣也没那么浓，但他们喜新好奇、求知欲强、富有想象力、具有较高的表现欲，且经过两年的英语学习，他们已有一定的词汇和语言基础。从学生知识能力水平上来看，这个单元要学习的一周学习生活中涉及的课程，学生在四年级和本学期第一单元已经有比较好的掌握，对于掌握理解新句型"What do you have on...？ We have..."打下了基础，学生在四年级的时候也已经有所接触。但新句型"What do you have on Mondays？"需要重点学习。

【教学内容】

PEP小学英语五年级上册 Unit 2 My Days of the Week

Let's start, Let's learn, Let's play, Let's sing

【教学目标】

通过本节课的学习，能达到以下目标。

1. 知识目标

（1）能听、说、认、读本课的5个新单词：

Monday，Tuesday，Wednesday，Thursday，Friday

（2）能掌握句型：—What day is it today？ —It's _____.

—What do you/we have on Mondays？ —We have _____.

2. 文化意识目标

能够与他人交流自己的课程安排，描述自己一周内的日常生活。

3. 思维品质目标

让学生通过运用语言来完成学习任务，感受成功，从而引发和培养学生学习英语的内在动机，同时使学生进一步懂得珍惜时间的重要性，教育他们努力学习，合理安排自己的学习时间。

【教学重难点】

（1）教学重点：本课时的教学重点是Let's learn 部分的5个"四会"单词：Monday, Tuesday, Wednesday, Thursday, Friday。要求学生开动脑筋巧记单词，并结合所给句型灵活运用这几个单词。

能掌握句型：What day is it today？ It's ... What do you have on Mondays？ Let me see. We have...

（2）教学难点：本课时的教学难点是正确拼写星期一至星期五这5个英语单词。理解和使用各科目的名称来表述课程安排。理解汉语中"上课"这一动作的正确表述方法——We have ... class.

【教学过程】

<table>
<tr><td colspan="4">教学过程</td></tr>
<tr><td>教学环节</td><td>教师活动</td><td>预设学生行为</td><td>设计意图</td></tr>
<tr>
<td>1. 热身（Warm-up）</td>
<td>（1）教师播放歌曲 My Days of the Week，学生感知本单元的新语言。
（2）教师播放四年级上册复习一中有关星期的歌谣</td>
<td>学生跟着一起唱。复习一中有关星期的歌谣</td>
<td>让学生对星期一到星期五有一点感知的认识。
让学生温故知新，以减轻教与学的难度</td>
</tr>
<tr>
<td>2. 预习（Preview）</td>
<td>教师使用四年级下册第二单元中的句型"It's 8 o'clock. It's time for Chinese."引出句型 We have Chinese, English... on Mondays.结合课程表，进行日常口语练习。
A：Hello, B. What time is it?
B：Hello, A. It's 8：20. It's time for English class.
A：How many kinds of classes do you have？</td>
<td>跟随老师按照今天上课时间安排一起做口语对话练习。

学生答：We have...</td>
<td>反复问答时间，复习时间表达方式，复习学科单词：English class, Chinese class, math class, science class, art class, P.E. class, computer class, music class.
引入Let's start部分话题</td>
</tr>
<tr>
<td>3. 新课呈现（Presentation）</td>
<td>（1）教师结合Let's start 部分的问句"What classes do you like"，让学生看主情景图感知本单元的主要语言</td>
<td>学生听老师提问题，回答他们喜欢的课程</td>
<td>引导学生复习有关课程的词汇，自然过渡到新课</td>
</tr>
</table>

教学过程			
教学环节	教师活动	预设学生行为	设计意图
3.新课呈现（Presentation）	（2）出示Let's learn部分的图片，向学生介绍What day is it? 向学生引出新词Monday以及句型We have... on Mondays. 教师可再利用课程表设置问题如What day is it today? What day do you like? 引出新单词，让学生正确理解、认读。同法教学其余4个星期的词语	学生跟着老师朗读新句型和新单词。理解单词和句型意思后，用英语回答老师提出的问题	学习新单词及句型，并理解其含义
	（3）教师范写5个"四会"单词。用彩色粉笔标出5个单词的后缀-day，引导学生仔细观察，发现单词构成上的这一共同点。教学单词过程中注重引导学生认知字母和字母组合发音。如 Thursday中ur 发[ə:]。教学生根据发音记单词。出示5个单词的缩写形式，让学生自己找规律	让学生在纸上写三遍单词，并且观察单词及其缩写形式的结构	激励学生巧记、速记单词及其缩写形式。引导学生根据字母或字母组合发音记单词，可让学生记得快、记得牢
	（4）播放课件，模仿跟读新单词	让学生大声跟课件朗读单词。可分组、分男女、接力等不同方式读	巩固新单词，能正确读、写单词
	（5）播放光碟Let's start幸运大转盘，标有星期的圆盘，点击转动指针，根据指针停下的位置用句型"What day is it today? It's..."提问。还加入询问和回答课表的句子，如What do we have on Mondays? We have...	学生根据圆盘的指针用"What day is it today? It's... What do you have on Mondays? Let me see. We have..."造句	学生能进行交流，巩固所学新单词和句型
4. 巩固与扩展（Consolidation and extension）	出示本班学生实际的课程表，请学生将中文课程表翻译成英文课程表	让四名学生到黑板上列出英语课程表，其他学生在纸上列出	检查学生本课学习的情况

续表

教学过程			
教学环节	教师活动	预设学生行为	设计意图
5. 作业布置（Homework）	（1）背诵并默写5个新单词及其缩写形式。 （2）用句型"What day is it today? It's..."与家人进行操练		背诵和默写的过程中记忆新单词，并通过句型操练巩固单词和句型

板书设计

Unit 2 My Days of the Week

Monday （星期一） Tuesday（星期二） Wednesday（星期三）

Thursday（星期四） Friday（星期五） favourite（最喜欢的）

What day is it today? It's...

What do you have on Mondays? Let me see. We have...

【教学反思】

这节课教学设计巧妙，层次感很强。本课时学习单词星期一至星期五：Monday, Tuesday, Wednesday, Thursday, Friday，运用自然拼读法要求学生根据字母或字母组合发音记单词，并结合所给句型灵活运用这几个单词。对于星期几，学生并不陌生，可以从复习旧知识入手。如复习怎么说时间的问题，几点、几号、星期几等。再引入哪门功课的问题，如It's 8 o'clock. It's time for Chinese.结合本班的课程表说一说今天上什么课，We have Chinese, English... on Monday.在操练新单词时，引导学生找出它们都含有-day的规律，这样记单词就容易多了。光碟Let's start的幸运大转盘声音效果吸引学生，但也存在着不足，如在教学过程中，学生出现个别单词发音错误现象，如Thursday，math等。另外，大转盘太小，学生看不清上面的科目名称等，有待进一步完善。

Unit 2 My favourite season
B Let's learn （第五课时）教学设计

（PEP小学英语五年级下册）

普宁市流沙南街道后坛小学   罗   琼

【课题、课时】

PEP小学英语五年级下册。

Unit 2 My favourite season B Let's learn （第五课时）

【教学内容分析】

本课是一节词汇课，具体要学习的词组是：go on a picnic, pick apples，make a snowman, go swimming 。教材通过Mike 和Wu Yifan两个人讨论最喜欢的季节及其喜欢的原因展开对话，呈现4个词组的词形和意义。这样的编排有利于学生在语境中理解词汇，并根据话题关联性帮助学生对词汇进行归类，以达到交流运用的目的。本课时的学习主题与四年级下册第四单元有相似之处，描述天气情况的形容词，如rainy，sunny等，皆已学过。因此，教师在教学过程中可以以旧带新，也可利用天气状况来表达我们喜欢某个季节的原因，降低学习难度，又做到滚动复习语言知识。同时可适当加入一些之前学过的动词短语，如eat ice cream表达喜欢某个季节的原因。本节课在单元第二课时（学习四个季节）和第四课时（问喜欢哪个季节和原因的句型）的基础上，再进一步学习表达喜欢的原因。我国四季分明，各具特点，恰好可以用来引导学生学会表达对季节的喜爱之情。

【学情分析】

本课的教学对象是学过两年英语的五年级学生，此学段学生天真活泼、好奇心强，有很强的模仿能力、逻辑思维能力和求知欲望，有一定的英语词汇积累，但还不牢固，需要多提醒才能想起。学生是学习的主体，在教学中，教师要为学生创设生动、活泼、和谐的英语学习氛围，让学生积极主动参与学习，敢于展示自己，成为学习的主人。

【教学目标】

1. 知识与技能

（1）能够听说读写四季里典型活动的4个词组go on a picnic, pick apples, make a snowman, go swimming。

（2）能够在语境中正确使用上述单词和词组描述四季及其典型活动。

（3）能够在教师的帮助下总结归纳why和because（of）的用法。

2. 过程与方法

（1）情境教学法。在教学过程中以真实的情境和语境为教学的引子，它不仅引导学生，激发他们学习词汇的欲望，还能告诉他们词汇可以在什么样的情境或语境中运用，以利于学生形成"词语用于语言表达"的理念。本节课设计谈论教师喜欢的季节，再问及学生喜爱的季节，是学生感兴趣的话题，进而要学生谈喜欢这个季节的原因。

（2）任务型教学法。输入—练习—输出，以听说带动读写，最后要求学生能写出他们喜欢的季节和原因，使学生在听、说、读、写这四大方面都得到发展。

（3）表格归纳法。运用表格把四季及其特点，人们所做的活动归纳起来，一目了然，方便引导学生进行语言表达。

（4）自然拼读法。词汇的记忆是学生在学习中碰到的一大难题，因此在教学中渗透学法的指导，把规则交给学生，引导学生运用读音规则等方法记忆单词尤为重要。以旧单词的字母组合发音引导学生自主拼读新单词。

（5）说唱巩固。利用一些歌曲或歌谣强化、巩固新单词。

3. 情感态度与价值观

（1）通过本节课的学习让学生有兴趣用英语表达自己所喜爱的季节，并陈述理由。

（2）能引导学生注重小组合作学习，培养沟通和交流的能力。

（3）适时提醒学生合理安排不同季节的活动，并注意室外户外活动的安全。

【教学重难点】

1. 教学重点

（1）能够听说读写四季里典型活动的4个词组go on a picnic, pick apples, make a snowman, go swimming。

（2）能运用句型 Which season do you like best？...Why？...进行交流。

（3）运用自然拼读法记忆单词。

2. 教学难点

（1）"四会"单词和短语：pick apples, make a snowman, go on a picnic， go swimming的拼读和运用，并能灵活运用重点句型。

（2）why和because（of）的用法。

【教学策略设计】

（1）利用实物、图片、表情、动作等教学词汇。

（2）在语境和语篇中教学词汇。

（3）提供多种形式的听说读写与词汇相结合的语用活动。

（4）利用自然拼读法教学词汇。

（5）注意对词汇学习的方法加以指导。

【教学用具】

PPT，单词卡片，CD-ROM。

【教学流程图】

Warm-up and revision →Presentation→Practice→ Consolidation→Sum-up.

【教学过程】

教学环节和教学内容	教师活动	学生活动	设计意图
Warming-up and revision ①Chant ②Greeting ③Sing a song	T：Boys and girls, let's chant together first. 课前5分钟提问： T： Who's on duty today? What's the weather like? What season is it now? How many seasons are there in a year? What are they? 谈及四个季节，板书表格中的季节单词。 Then let's sing a song of the four seasons	全班齐读第15页 Read and match 中的歌谣。 学生逐个回答问题。 ... S: There are four seasons. They are spring, summer, autumn and winter. 学生齐唱歌曲：*What's your favourite season?*	以欢快的chant开场，活跃课堂气氛。 课前5分钟的师生问答环节是每节课必备，把本册所学的一些句型无限次滚动，要求学生听懂并作答，提高学生的语言运用能力。 由歌曲引入，介绍自己喜欢的季节
Presentation	教师出示PPT，边向学生展示美丽的春天图片（万物生长、春雨、我种的小花……），边讲解: Now it's spring. Spring is green with flowers and songs. There are beautiful flowers everywhere. The weather is warm and sunny. Sometimes it rains. It's good for the plants to grow. I like spring very much.	学生观看，并不时发出赞叹： How beautiful! Ss : Yes,they are.	通过PPT和语音讲解，让学生初步感知用英文介绍自己喜欢的季节的方式：谈天气、谈活动……这是一个有意义的语篇输入

教学环节和教学内容	教师活动	学生活动	设计意图
Presenta-tion	Because I can plant flowers 询问学生：Are they beautiful?讲解的过程中板书，以画表格的方式呈现。板书春天的天气和一些相关的句子。最后再跟着老师把整篇文章说两遍。向学生介绍近日的活动：I planted many flowers last weekend.（出示图片） Are they beautiful? I like flowers and trees. So I often go hiking.(板书go hiking) I'm going hiking with my family this weekend. We are going to Zhongyin Culture Park. We'll have a picnic there. I often go on a picnic in spring.（出示go on a picnic单词卡，贴在黑板相应的表格处作为板书） Follow me: go on a picnic.带读单词，用自然拼读法教读单词，并要求学生跟读、齐读、分组读、单个读单词。及时指正错误。 Here is my favourite season. So which season do you like best? Why do you like autumn? What's the weather like in autumn? Yes!(板书秋天的天气)So what can you do? En, and it's windy. Can you fly a kite? (边板书) I like fall, too. Autumn is golden and farmers are busy. They are busy picking apples.（出示PPT图片和单词卡，并板书贴词卡pick apples） 分别请学生介绍喜欢的季节，教授另外两个新的短语：go swimming, make a snowman（顺序依学生答案而定）	Ss: It's sunny and warm in spring. It's very beautiful. There are beautiful flowers everywhere. I can... Ss: Yes. 听老师介绍，感知语言。 Ss: Go on a picnic. Go on a picnic... 学生跟老师读单词。在老师的指引下多种形式读单词或短语，并利用自然拼读法记忆单词。 S1: I like autumn best. It's cool. S1: I can go hiking. Yes, I can. 学生跟读并用自然拼读法记忆单词（词组）	让学生感知重点语言知识。两遍跟读，感知基本语言的同时先熟悉表达，为后面的Show time做铺垫。 教师由介绍自己喜欢的季节，引入新课谈及喜欢春天，并喜欢去野餐。 自然引入重点词组的学习，其中渗透自然拼读法，让学生自己学会拼读。 请学生们谈喜欢的季节，分别引出另外几个动词短语。例如学生谈到喜欢秋天，延伸秋天的特点和活动pick apples，贴近生活实际，更能引起学生兴趣。 从前面歌谣中的句子引出新词。与学生的对话自然引入新词的学习，培养学生英语思维习惯

教学环节和教学内容	教师活动	学生活动	设计意图
Practice	Remember what season Amy likes best? Yes, Amy likes autumn because the colours are beautiful. What about Mike and Wu Yifan? Let's go and see. 要求学生打开课本找答案后播放录音跟读。 Read after the tape and then read it together for three times. Here comes Robin. Do you know his favourite season? Can you guess?（PPT出现Robin和课本Ask and answer 部分的短语，要求学生猜Robin 喜欢的季节和原因，并给出例句：I think Robin likes spring. Because he can go on a picnic in spring.）	Ss: She likes autumn best. Ss: Mike likes ... Wu Yifan likes ... 学生跟读后齐读课文，分小组。学生用所给句型和短语猜测Robin喜欢的季节。Robin likes ... Because he can ... in spring/ summer/ autumn/ winter	回忆之前已学过的Amy喜欢的季节，谈及Mike 和 Wu Yifan喜欢的季节，再到这季节所做的活动。回归课本，听课文录音跟读。这正是正音环节，通过听、模仿跟读，规范语音、语调，培养语感。学生在猜测Robin喜欢的季节的同时，操练了所学短语和句式，并延伸了动词第三人称单数的操练。此环节还为后面第19页的学习埋下伏笔
Consolidation ①Group work ②Show time	Boys and girls, do you want to know your friends' favourite seasons? Now ask and answer with your partners. 把学生分为四人一组，操练对话。 The words and sentences on the board may help you.（PPT 出示句型） Then share your friends' and your favourite seasons to us. You can use these sentences: A likes .... Because ...	学生四人一小组用所给句型操练对话。 —Which season do you like best? —I like ...best. —Why? —Because... 每小组派一位学生代表，介绍该组成员喜爱的季节和原因	学生小组活动，通过询问他人喜欢的季节和活动，巩固所学句型和词组。这是巩固所学内容的环节，也是要求学生能自主输出的环节

续表

教学环节和教学内容	教师活动	学生活动	设计意图
Summing-up	Children, as you know there are four seasons in a year. They are all beautiful. Spring is... We can... Summer is... We can...	在老师的引导下，结合板书表格说出每个季节的特点和活动。Ss: Spring is ....We can... We love all the seasons...	根据板书表格总结，同时对学生进行思想教育：要求学生热爱每个季节，热爱身边所有美好的东西，热爱生活
Homework	Today's homework: 1. Copy down the words and phrases. 2. Share your favourite season to your family		通过布置抄写和向家人介绍喜爱的季节，进一步巩固所学内容

【板书设计】

Unit 2 My favourite season

B Let's learn

—Which season do you like best?

—I like ...best.

—Why?

—Because...

Seasons	It's...	I can...	Others
spring	sunny, rainy, warm , beautiful	plant flowers/trees, go on a picnic, go hiking	There are beautiful flowers everywhere
summer	golden, sunny , hot	eat ice cream, go swimming, swim	I like summer vacation

续 表

		fly a kite, climb mountains, pick apples, pick grapes	The colours are beautiful
autumn/fall	sunny, cool , windy		
winter	white, windy, cold	make a snowman, play in the snow	I like Spring Festival

【教学反思】

基础教育阶段英语课程的任务是通过各种教学活动，激发和培养学生学习英语的兴趣，养成良好的学习习惯和形成有效的学习策略，发展自主学习的能力与合作创新的精神，培养学生综合运用英语的能力。本堂课是遵循以上原则，并结合《义务教育英语课程标准（2011年版）》的要求而设计的。"My favourite season"是PEP小学英语五年级上册第二单元的核心话题。我充分考虑到小学生的学情特点及实际需求，设计了真实自然的情境，以最大限度地激发学生的学习动机和兴趣为宗旨，紧密联系小学生的生活实际和学习实际，将"Which season do you like best？ ..."等句型和"go on a picnic..."等动词短语进行合理的语言分配，其目的在于分散教学难点，循序渐进，便于记忆。在教学过程中我充分发挥多媒体优势，利用表格归纳式板书，给学生提供合作探究、自主实践、操作练习的机会，实现师生互动、生生互动，进而突破本课重难点，拓展学习内容，丰富学生的感受和体验。课堂评价手段是设计了lucky box，学生回答对的得到小纸条，写上名字，课后投进lucky box里并抽出5名幸运儿进行奖励。这个做法有效地激励了学生参与课堂学习的积极性，收到良好的效果。但由于时间的安排上没把握好，有点前松后紧，如果再次上这节课，我会争取多一些时间留给学生来自主展示小组成员喜欢的季节和活动，让更多的学生有大胆开口、自主说英语的机会。

Unit 6 In a nature park
Let's spell 教学设计

普宁市云落镇五斗小学　黄海帆

【基本情况】

授课年级：小学五年级。

教材版本：PEP小学英语五年级上册。

授课内容：Let's spell.

授课课型：绘本语音课。

【教学内容分析】

绘本A round house选自《攀登英语神奇的字母组合》，本套绘本包含了26个常见的字母组合故事，选取出现频率较高、我国儿童难以掌握、阅读中容易和汉语拼音混淆的26个字母组合，如th, ng, ir等，用含有同一字母组合的不同单词编写成26本生动有趣的图画书，为学生的语言拓展、思维品质的培养提供了发展空间。

【学情分析】

本节课的教学对象是五年级学生，这些学生从三年级就开始PEP小学英语的系统学习，因此英语基础相对扎实，对英语学习有着强烈的求知欲和兴趣。

经过两年的学习，他们已经具备了一定的听、说、读、写能力，已经建立了英语学习的意识，储备了一定量的英语词汇，为课堂上进行语言输出打下了稳固的基础。他们活泼好动、模仿能力强，积极参与课堂活动，并乐于表现自己。

【教学目标】

根据发展学生核心素养的要求，结合绘本内容与学生的实际情况，确定本课的教学目标如下。

1. 语言能力

（1）能学会并熟练掌握字母组合ou的发音。

（2）能听、说、认、读文本中的生词：house，mouse，sound，count等。

（3）能理解绘本故事A round house，获取所需信息。

2. 文化意识

通过老鼠嘴巴里的球和look out这个短语引导学生关注安全问题，培养学生的安全意识。

3. 思维品质

能根据重复学习的几个关于ou的单词，复述绘本，训练思维能力。

4. 学习能力

（1）通过默读、快读、精读、表演等方式，理解绘本故事。

（2）通过小组探讨学习，提高思维能力、合作能力以及基于思考的表达能力。

【教学重难点】

1. 教学重点

（1）能熟练掌握字母组合 ou 的发音。

（2）能听懂、理解、会说文本的词汇：house, mouse, round, around, mouth, look out 等。

（3）能理解绘本故事内容。

2. 教学难点

（1）能正确理解字母组合 ou 的发音。

（2）能根据关键词语信息复述绘本故事。

【教学设计理念】

本课时基于交际语言教学基本原则设计，采用阅读前、阅读中、阅读后的阅读课教学程序实施教学，并引导学生从游戏中发现字母组合发音规律，进入绘本故事 A round house的学习。不断让学生在各种听、说、演中开口练习ou的发音，旨在让学生在阅读中培养思维品质，获取阅读愉悦感，既激发阅读兴趣，又发展学生的语言表达能力、解决问题的能力，拓展学生思维的广度与深度。

【教学过程】

教学环节	教师活动	学生活动	设计意图
Pre-reading	1.Greetings. 2.Showing a boom game to review the words. 3.Summing up the words with "ou" 4.Listening and chanting. 5.Showing the cover of the picture book and asking the students to talk about the cover	1. Greeting the teacher. 2. Playing a boom game to review the words. 3. To know the sound of "ou". 4.Listening and chanting. 5.Looking at and talking about the picture	彼此熟悉，分组评价。 游戏暖场，复习单词。 学生对本节课学习的内容大概了解。 通过语音小微课，加深印象。 观察封面，感知绘本，做好"读"的准备
While-reading	1. Asking the students to listen to the story and find out the answer. 2.Asking the students to listen to the story and find out the answer.	1.Listening to the story for the first time and finding out the answer. 2.Listening to the story for the second time and finding out the answer.	听第一遍故事，找出问题答案，整体感知绘本故事。 听第二遍故事，找出问题答案，加深对绘本故事的理解

续　表

教学环节	教师活动	学生活动	设计意图
While-reading	3.Telling and acting out the story. 4.Getting the students to read and circle the words with "ou". 5.Guiding the students to read. And posting the word cards on the board. 6.Showing the picture about the ball, giving safety education. 7.Showing the pictures for safety education. Asking the students to repeat "Look out". 8.Asking the students to read the story	3.Following the teacher to tell the story 4.Reading and circling the words with "ou" 5.Listening and repeating. 6.Looking at the picture and knowing how to stay away from harm. 7.Looking at the pictures and saying "Look out". 8.Reading the story together	听、看老师表演故事，进一步理解绘本故事，完成整体理解。 读文本，找出带有"ou"的单词，掌握学习要点。学生跟读，把文本中关于"ou"的单词板书在黑板。 看图，进行安全主题的教育。 集体复读，加深对文本的理解
Post-reading	1.Asking the students to read and role play in the group. 2.Asking the students to help the mouse find the ball and finish the tasks. 3.Summing up and letting the students read more words with "ou"	1.Reading and role playing in groups. 2. Helping the mouse find the ball and finishing the tasks. 3.Reading the words with "ou"	小组合作，复述文本，角色表演，掌握整个故事文本。 通过帮助老鼠找球，完成本节课的课本习题，检验学习成果。 总结并拼读更多带有"ou"的单词，复习并巩固本课内容
Homework	Showing Homework A and B. 　Asking students to choose one to finish	Choosing the homework they like and finishing it at home	布置分层作业，尊重学生个体差异

【板书设计】

Unit 6 In a nature park

A Let's spell

OU

house		round
mouse		around
sound		look out
count		mouth cow

No Book，Just Cook 绘本教学设计

揭阳市惠来县实验小学　林琼娇

【基本情况】

授课年级：小学六年级。

教材版本：攀登英语阅读系列·神奇的字母组合。

授课内容：*No Book，Just Cook.*

授课课型：绘本阅读+语音课。

【绘本及学情分析】

期中考试一过，学生的学习就开始松懈下来了，我看在眼里，着急在心里，于是赶忙找了*No Book, Just Cook*这一绘本，希望能通过该绘本的内容调动学生的学习积极性，让他们明白Nothing is impossible.If you have a dream, never give up, go for it!　And just do it!

*No Book，Just Cook*这一绘本内容具有趣味性，且通俗易懂，读起来朗朗上口，学生在五年级上册Unit 4 What can you do的Let's spell就已经学习了掌握字母组合 oo 的发音规则，即在单词中常见的两种发音［uː］［ʊ］。这为本课时进一步归纳总结它们在单词中的发音打下了一定的知识和能力基础，也为本课绘本故事的学习和运用降低了难度。

本次授课的对象是六年级学生，此次绘本的内容对他们来说没什么难度，但通过绘本联系生活，如何在课堂中设置多样的教学活动给孩子们提供参与、

分享和思考的机会，让学生参与到故事的建构、感受的分享和思维火花的碰撞中去是本节课的一大难点。绘本故事承载着语言知识，我们希望学生不仅能够习得特定的知识，更能获得进一步获取知识的能力，阅读教学要能帮助学生联系已有的知识，建构新的知识。*No Book, Just Cook*这个故事的语言很简单，但是表达了一种深层次的道理。

【教学目标】

根据发展学生核心素养的要求，结合绘本内容与学生的实际情况，确定本课的教学目标如下。

（1）学生能够掌握字母组合 oo 的发音规则，即在单词中常见的两种发音/u:/, /ʊ/。

（2）学生能够理解并比较有感情地朗读故事，能够根据提示复述故事。

（3）学生通过学习这个故事，懂得只要持续地努力，不懈地奋斗，就没有征服不了的事情。

【教学重难点】

（1）教学重点：能正确理解字母组合 oo 的发音。

（2）教学难点：整体感知绘本内容，并对绘本故事进行复述。

【教学过程】

教学环节	教师活动	学生活动	设计意图
Pre-reading	1.Greetings. 2.Talking about your dream. What's your dream? 3.What will you do to make the dream come true? 4.Game： ①快速闪现单词：book, look, football, good, balloon, food, zoo, noodles	1.Greeting the teacher. 2.Talking about your dream. 3.I will... 4.师快速闪现单词，生快速说出单词并找出单词里面的共同点（总结字	活跃气氛，为绘本课做铺垫

教学环节	教师活动	学生活动	设计意图
Pre-reading	②找出单词里面的共同点。 5.Chant	母组合 oo 的发音规则，即在单词中常见的两种发音/u:/，/ʊ/) 5.Chant together	通过游戏整体感知神奇的字母组合 oo 的发音规律。 在学中玩、玩中学，寓教于乐
While-reading	1. Discuss the cover. What can you see on the book cover? 2.Asking the students to listen to the story and find out the answer. A.Who is he? B.What does he want to be? C.How does he do for his dream? D.Did his dream come true at last? 3.Asking the students to listen to the story again and find out the answer. 4.Read the story with your group, discuss and answer questions. 5.Telling and acting out the story. 6.Getting the students to read and circle the words with "oo"	1. I can see... 2.Listening to the story for the first time and finding out the answer. 3.Listening to the story for the second time and finding out the answer. 4.Read the story with group, discuss and answer questions. 5.Following the teacher to tell the story. 6.Reading and circling the words with "oo"	观察绘本封面，描述绘本封面。 听第一遍故事，找出问题答案，整体感知绘本故事。 听第二遍故事，找出问题答案，加深对绘本故事的理解。 自读故事，小组合作，讨论并回答问题。 听、看老师表演故事，进一步理解绘本故事，完成整体理解。 读文本，找出带有"oo"的单词，掌握学习要点
Post-reading	1.Guiding the students to read. And posting the word cards on the board.	1.Listening and repeating.	学生跟读，把文本中关于"oo"的单词板书在黑板。 集体复读，加深对文本的理解。小组合作，复述文本，角色表演，掌握整个故事文本。

续 表

教学环节	教师活动	学生活动	设计意图
Post-reading	2.Asking the students to read the story. 3.Asking the students to read and role play in the group. 4.What did you learn from this story? 5.Summing up and letting the students read more words with "oo". 6.Asking the students to read the story again	2.Reading the story together. 3.Reading and role playing in groups. 4.Nothing is impossible.If you have a dream, never give up,go for it! And just do it! 5.Reading the words with "oo". 6.Reading the story together	情感教育：坚持才是硬道理。 通过绘本的输出，使学生对梦想有了进一步的理解，并明白：只要持续地努力,不懈地奋斗,就没有征服不了的事情。 总结并拼读更多带有"oo"的单词，复习巩固本课内容。 集体复读，最后感知文本的理解
Homework	To create a picture book with your group	Create a picture book with group	小组合作，发挥学生的想象力，创作绘本故事

【板书设计】

No Book,Just Cook

oo

hook   cook   good

look   book

Nothing is impossible.If you have a dream,never give up, go for it!

And just do it!

Unit 4 A Let's spell
Dune on the Moon 教学设计

（PEP小学英语四年级上册）

揭阳市揭东区月城镇刘畔小学　刘璧燕

【教学目标】

（1）能够通过听例词的发音，观察例词结构中共有的特征，学习u-e在单词中发长音/ju:/的规则。

（2）能够跟着录音说唱歌谣，强化记忆u-e的发音规则。

（3）能够根据u/u-e的发音规则读出并拼写单词，能在四线三格中正确书写单词并辨认词形。

（4）阅读绘本故事：

① 学生通过图片环游，大体理解绘本故事内容。

② 学生通过朗读、表演、想象，体会主人公Dune在月球上的生活故事以及过程性阅读的乐趣。

③ 在阅读的过程中，教给学生一些阅读的方法（默读、看图猜测信息等）。

【教学内容】

（1）教材：Unit 4 A Let's spell.

（2）绘本故事：Dune on the Moon.

【教学重难点】

（1）教学重点：能拼读含有字母u-e的单词，理解故事含义。

（2）教学难点：能够自主拼读其他含有字母u-e的单词，能够复述表演故事。

【教学准备】

教师准备本课时教学课件以及绘本故事资料。

【教学步骤】

Step 1.Warm-up（Revision）

Sing a song：Phonics song.

（设计意图：通过歌曲*Phonics song*复习26个字母的发音，发旧引新，为本课拼读做铺垫）

Step 2.Presentation

Read，listen and chant.

（1）教师出示Let's spell中猫的图片，请学生用自己的话描述一下看到的猫，如：I like the cat.It's a white cat.It's cute.

① 当学生说出这些话或教师引导学生说出这些话后，教师马上板书cute，u-e用红色标注。学生学过这个词，而且在前三个单元语音学习的基础上，引导学生归纳出u-e的发音规律为：词尾e不发音，u仍发字母音/juː/。

② 根据这一发音规律，请学生试着读一读use, excuse，并了解其意思。

③ 学生听录音朗读u-e单词，进一步感知u-e的发音规律。

（设计意图：引导学生通过观察和思考自己归纳发音规则，以获得深刻印象及语音学习的成功感受）

（2）学生听歌谣录音，整体感知歌谣的韵律及u-e单词的读音。

① 教师请学生说一说在歌谣中听到了哪些u-e单词。由于整首歌谣中反复出现cute和use，学生应该能听出来。

② 学生跟着录音有节奏地朗诵歌谣，四人小组吟唱这首歌谣。

（设计意图：在歌谣中再次感知和体验u-e的发音，通过练习说唱歌谣以及进行歌谣比赛的形式，进一步强化对发音规则的记忆）

Step 3. Practice

（1）Listen, circle and say.

教师请学生仔细听录音，完成活动Listen, circle and say, 感知u和u-e的不同发音。教师利用课件呈现圈出的单词，学生校对是否圈对了。校对完毕，请学生再次仔细听音并认真模仿朗读。

（2）Listen, circle and write.

教师播放课本录音，学生完成听音圈词和单词书写。

（设计意图：回归教材，使phonics教学从hear it, say it, see it发展到say it, write it, 落实到根据发音规则拼写单词上面）

Step 4. Production

Story time.

教师通过Dune on the moon 的故事，让学生阅读。

（1）Pre-reading

Who lives on the moon? Who goes to see him/her?

How does Una goes to the moon?

（2）While-reading

图片环游：阅读绘本了解Dune在月球上的生活。

自主拼读含u-e/ju:/的关键词 Dune, cube, tune, cute, rube, huge。

（3）Post-reading

讨论为什么Dune和Una得走路回去？我们日常生活中出去玩的时候要注意什么？

（设计意图：通过阅读有趣的绘本故事，引导学生运用已学的发音规则尝试读出新词，从而夯实已学的语音知识，激发学生学习Phonics的成就感，同时扩充学生的趣味阅读体验）

Step 5. Homework

（1）有感情地读一读故事，和同伴尝试把它表演出来。

（2）创编含有u-e的单词，与朋友们玩一玩拆音和拼音的游戏。

【板书设计】

Unit 4 A Let's spell

Dune on the Moon

u–e/ju:/ Dune	Una
cube	ives
tune	feed
cute	get on
rube	go for a walk
huge	get back
	just
	walk back

Yellow Pillow 绘本教学设计

揭西县凤江镇阳南小学 林晓銮

【教学目的】

（1）学习字母组合ow的发音，并根据所学知识积累相关词汇。

（2）能够在图片的帮助下，读懂并复述小故事。

（3）合理评价故事中的角色，启发学生遇事保持冷静，积极寻求解决办法。

【教学重难点】

（1）教学重点：会读含有ow的单词，能够流利朗读故事。

（2）教学难点：理解并朗读The crow knocks at the window.Nobody is there but some rows in a row.Mr. Low throws the pillow at the crow.

【教学准备】

课件、实物（枕头）。

【教学过程】

Step 1. Pre-reading

（1）Sing a song：I can sing a rainbow.

（2）A guessing game：What is it? （引出所学含ow单词的复习）

（3）根据读音规则试读绘本中出现的含ow单词。

Step 2. While-reading

（1）引出课题，预测故事。

出示实物（枕头），"What is this？It's a yellow pillow. Today we are going to read a story about a yellow pillow."观察封面，"What can you see on the cover？" "What do you want to know about the story？"

（2）听录音，看绘本，通过图片和上下文理解含ow单词的中文意思。

（3）初读故事，要求学生发音准确、流利。

（4）提出问题，再听故事：Whose pillow is it？Does the crow like the pillow？Does the crow get the pillow at last？Is it happy？

（5）自读故事，完成填空练习：How can the crow get the pillow？Fill in the blanks.

用TPR操练难点句子：The crow knocks at the window.Nobody is there but some rows in a row.Mr Low throws the pillow at the crow.教师为学生示范，学生连锁操练。

（6）全班有感情地朗读故事。

（7）双簧表演（一名学生朗读故事，另外两名学生根据故事内容表演）。

（8）表演故事。

Step 3. Post-reading

（1）Do you like the story？Do you like Mr Low？Why？Do you like the crow？Why？

（2）Summary.

含有 ow 的单词归纳总结。

（3）示范绕口令编写。

Step 4. Homework

Write a short story about "ow", and draw a picture for it.

Jack Can Bake 绘本教学设计

揭阳市空港经济区砲台镇盛遵小学　池爱华

【绘本简介】

*Jack Can Bake*是一本生动有趣的儿童绘本，为学生语言的拓展、思维品质的培养提供了发展空间。本节课的教学对象是四年级学生，他们活泼好动、模仿能力强，能积极参与课堂活动，并且乐于表现自己。绘本讲述了Jack想要烘烤蛋糕的故事，从自己不会烘烤蛋糕到主动请教别人，再通过自己看书学习，故事启迪学生平时要懂得善于思考、学会尝试。

【教学目标】

1. 语言能力

（1）能学会并熟练掌握字母组合a–e的发音。

（2）能听、说、认、读文本中的生词：bake，date，mix，plate，mess 等。

（3）能理解绘本故事Jack Can Bake，获取所需信息。

2. 文化意识

（1）欣赏故事，了解烘烤面包的过程。

（2）激发学生对英语绘本阅读的兴趣。

3. 思维品质

（1）能根据绘本重复学习几个关于a–e的单词。

（2）复述绘本，训练思维能力。

4. 学习能力

（1）通过默读、快读、精读、表演等方式，理解绘本故事。

（2）通过小组探究学习，提高思维能力、合作能力以及基于思考的表达能力。

【教学重难点】

1. 教学重点

（1）了解烘烤面包的过程。

（2）能学会并熟练掌握字母组合a–e的发音。

（3）能听懂、理解、会说文本的词汇：bake，date，mix，plate，mess 等。

（4）能理解绘本故事内容。

2. 教学难点

（1）能正确理解字母组合a–e的发音。

（2）能根据关键词语信息复述绘本故事。

【教学准备】

多媒体课件。

【教学过程】

Teaching procedure			
Steps	T's activities	Ss'activities	Purpose
Pre-reading	1. Greet to the students 2. Sing songs: Make the cake 3. T: There is a lot of food on the picture.What are they?Have Ss answer. 4. T: Our story today is about food, can you guess which one?	Ss sing songs Ss answer: bread, chicken, cake, rice etc. Ss guess: Is it about...?	Sing songs to make class atmosphere easy. Raise students'

Teaching procedure			
Steps	T's activities	Ss'activities	Purpose
Pre–reading	(Teacher leads Students to ask as "Is it about rice?") 5. Tell Ss: You're so great. Our story is about making the cake. Let's read the book together		interest in the story by guessing
While–reading	1. Have Students look at the book, and say: Who are the characters in the story? 2. Ask Ss: What does Jack want to do? Teach new words: back, date, make. 3. Say to Ss:After looking at the date, Jack wants to bake.Who is Jack first? And what to do? 4. T: Well, so can grandma do it? Let's read the first part of the story. 5. Read the first part of the story for students and make sure students understand the story. 6. T:Show me the third picture and ask: Who is Jack looking for? What's the result? 7. T: So what does Jack do next? Show pictures 4 to 8. T: Why? 8. What should he do? 9. T: What happens? 10.Teach new words: late, say, take, mix,mess. 11.Let's read the story of the fourth to eighth pictures. 12.T:Look at the ninth and tenth pictures. What happened?	Students look at the book and answer: Jack, Nan, Dad Mum. Students learn new words: back, date, make. Ss answer: Look for Jack's grandmother. Make cakes with grandma. Ss answer:She can't. Students look at the pictures in the book and listen to the first part of the story. Ss answer:Jack's father. His father is going to be late. He has no time to make cakes. Ss answer:Jack is very sad. He wants to make a cake. He told his grandmother they could bake. S1:Because they read books and learn to bake from them.Mix them up and bake. S2:Make a mess of the family. Ss learn new words: late, say, take, mix, mess.	Students learn new words. Then lead to today's lesson. Develop students' imagination. To stimulate students in_terested in reading. Get students to predict the second part of the story.

Teaching procedure			
Steps	T's activities	Ss'activities	Purpose
While-reading	13.Teach new words: plate. 14.Let's read the rest of the story. Then answer the question: What's Jack like? 15.Let's read the rest of the story. Then answer the question:What does this story tell us? 16.Game: True or False. Say some statements about the story, have Ss judge true or false to make sure they understand the story. 17.Let's read the words on the blackboard together and say what is the pronunciation of a–e combination? 18.Summing up and letting the students read more words with a–e / ei/. 19.Play a game about the a–e alphabet	Ss read the story of the fourth to eighth pictures. S3:It was Jack's mother saw the cake on the plate. They are very happy because they have made it. Ss:learn new word: plate. S4:A thoughtful, hardworking boy. Ss answer: As long as we learn to think and try, persistence is victory. Ss judge true or false of some statements. Ss Read the words on the blackboard together. a–e /ei/	Make sure students get the main idea of the story
Post-reading	1.Show some pictures and key sentence structures and try to retell the story with the whole class. 2. Divide students into groups of four. 3.Ask students to choose roles and practice to role play the story. 4. Get some groups to present their role play in front of the class. 5. Ask students: What did you learn from the story? 6. T: Well, we should be diligent. Don't be lazy. We also should cooperate with others and try to help others in difficult times	Ss review key sentences in the story. Ss work in groups to role play the story. Ss think it over and talk about their opinion	Develop stud–ents' imagina–tion to role play the story. Enhance students' moral wareness to be diligent and helpful

Teaching procedure			
Steps	T's activities	Ss'activities	Purpose
Home-work	1. Summarize the knowledge that the students learn today. 2. Homework：Try to tell the story to your friends or parents		
Blackboard design	*Jack Can Bake* back date make cake a-e /ei/ say mix mess late take plate		

A Big, Big Day 绘本教学设计

普宁市军埠镇后楼小学　李佩霞

【教学目标】

（1）学生能够体会并能读出带有字母 i 的单词。

（2）学生能够理解并比较有感情地朗读故事，能够根据提示复述故事。

（3）学生通过学习这个故事，懂得在别人生日时送上祝福和问候。

【教学重难点】

（1）教学重点：学习并掌握字母i的发音，能认读带有字母i和符合/i/读音规则的单词。

（2）教学难点：学生能够根据提示进行复述、表演故事。

【教具准备】

PPT课件。

【教学过程】

Step 1. Warm-up

（1）Say the letters from Aa to Zz.

（设计意图：学生复习26个字母的顺序和读音）

（2）Sing the song ABC.

（设计意图：通过轻松愉快的歌曲节奏，加上动作，活跃课堂气氛）

Step 2. Pre-reading

（1）通过欣赏歌曲*Big Big World*学习单词big。

（2）通过观看绘本的图片引出故事*A Big, Big Day*。

Step 3. While-reading

（1）让学生带着问题听故事，思考问题"Why today is a big day？""Oh! It's Tim's birthday."整体感知故事。

（2）提出问题：一些朋友来参加聚会，Who are they？让学生自读故事，关注故事中的人物。

（3）完成表格（如下），让学生小组阅读讨论，找出朋友们分别带了什么礼物，引导学生关注故事细节。教读单词brings。

Name	Gift
Bill	a big ship
Rita	a big lollipop
Jill	a big dish
Tina	a big fish
Lily	a big kiss
I	

（4）结合图片，认读人名Bill，Rita，Jill，Tina，Lily和名词ship，lollipop，dish，fish，kiss，让学生总结发现字母i的发音/i/，用自然拼读法进行读词练习。

（5）跟录音读故事，注意语音、语调的模仿朗读。

（6）小组练读。

（7）小组采用不同的形式展示故事。

Step 4. Post-reading

（1）复述故事，根据板书提示，师生一起复述故事。

（2）续写故事。如果你要参加吉姆的生日聚会，你会带什么礼物？先小组讨论，再把自己的礼物写在表格里（可以画图表示），用"I bring..."来表达。

（3）当身边的亲朋好友生日时，记得送上自己的礼物和祝福，记得说："Happy birthday！"

Step5. Homework

听录音，朗读 *A Big，Big Day* 给父母听。

【板书设计】

A Big，Big Day

Bill	ship	
Rita	lollipop	
Jill	dish	
Tina	fish	
Lily	kiss	

Happy birthday！

D Dancing Dad 绘本教学设计

普宁市流沙第二小学 江华珊

【选材及分析】

本课选自《攀登英语阅读系列·有趣的字母》绘本教材中"*D Dancing Dad*"。从教材上看，本课绘本故事情节虽简单，但生动有趣。从绘本语言表达的角度看，本绘本共计8个句子，重复率高达75%的基本句型与有趣的故事有机融合，让学生通过不断重复，快速地熟悉故事内容，在不知不觉中习得英语。

【学情分析】

执教年级为三年级。三年级学生作为英语的初学者，对英语有很浓的学习兴趣和热情。开展英语绘本教学，可以让学生开始学英语时就能得到优质英语绘本的滋养，有利于推动英语学习高质量完成，效果非常好。大多数学生能熟练地背诵、复述、看图说英语，理解书中的故事，从而激发兴趣，培养语感，开阔视野，启迪心智，陶冶情操。

【教学目标】

根据发展学生核心素养的要求，结合绘本内容与学生的实际情况，确定本课的教学目标如下。

1. 语言知识能力

（1）能学会并熟练掌握字母 d 的发音。

（2）能听、说、认、读文本中的生词： dad, dancing, desk, duck, door, dog, deer等。

（3）能理解绘本故事*D Dancing Dad*，获取所需信息。

2. 文化意识及思维品质

（1）通过一幅幅有趣的图画，伴随爸爸的舞步，学生频频接触到含字母 d 的单词，强化 d 发音的学习，感受到学英语的快乐。

（2）能根据重复学习关于 d 的单词，复述绘本，训练思维能力。

3. 情感目标

（1）鼓励用英语进行思维和交流。

（2）通过小组探讨学习，提高思维能力、合作能力以及基于思考的表达能力。

【教学重难点】

1. 教学重点

（1）能熟练掌握字母 d 的发音。

（2）能听懂、理解、会说文本的词汇： dad, dancing, desk, duck, door, dog, deer等。

（3）能理解绘本故事内容。

2. 教学难点

（1）能正确理解字母 d 的发音。

（2）能根据关键词语信息复述绘本故事或演出故事。

【教学过程】

教学环节	教师活动	学生活动	设计意图
Pre–reading	1.Greetings. 2.Sing a phonic song. 3.PPT shows a chant of "a,b,c".	1.Greeting the teacher. 2.Sing a phonic song.Listening and chanting.	师生用课堂用语交流，活跃气氛。 歌曲热身，为新课做铺垫。 复习已学字母 "a、b、c" 的歌谣，激发学习兴趣。

教学环节	教师活动	学生活动	设计意图
Pre–reading	4.Showing the cover of the picture book and asking the students to talk about the cover	3.Looking at the cover of the picture book and talking about the picture	观察封面，感知绘本，做好"读"的准备
While–reading	1. Asking the students to listen to the story and find out the answer：What does Dad love to do? 2.Asking the students to watch and listen to the story and find out the answer:How many things is dad dancing with? 3.Slide show more questions in detail to get the students to read the story ,discuss in groups and circle the words with "d" ,and figure out the answers. 4.a.Telling and acting out the story. b. Role–play the story. c.Group work to read the story in roles	1.Listening to the story for the first time and finding out the answer. 2.Watching and listening to the story for the second time and finding out the answer. 3.Read the story, discuss in groups and circle the words with "d". 4.a. Following the teacher to tell the story. b.To role–play the story. c.To read the story in groups	听第一遍故事，找出问题答案，整体输入，感知故事内容。 听第二遍故事，找出问题答案，加深对绘本故事的理解。 以讨论、问答形式呈现难点词汇，通过说话形式学习新词，词不离句。 利用学生好动、爱演的天性，通过各种形式的朗读巩固所学故事，使学生更深入了解故事内容
Post–reading	1.Presentation. 2.Asking the students to predict the next part of the story. 3.Summing up and letting the students read more words with "d"	1.Invite some groups to read or perform in front of the classroom. 2.To share their ideas of the story. 3.Reading the words with "d"	角色表演，掌握整个故事文本。 让学生介绍和讨论故事情节，并在分享的气氛中培养独立思考的能力。 总结并拼读更多带有 d 的单词，复习并巩固本课内容
Homework	Showing Homework A and B. Asking students to choose one to finish	Choosing the homework they like and finishing it at home	布置分层作业，尊重学生个体差异

【板书设计】

D Dancing Dad

Dad is dancing with the $\begin{cases} \text{desk.} \\ \text{duck.} \\ \text{door.} \\ \text{dog.} \\ \text{deer.} \end{cases}$

Unit 6 Meet my family!
A Let's spell教学设计

普宁市流沙第二小学　江玉珊

【教学内容】

教材：PEP小学英语四年级上册 Unit 6 Meet my family！A Let's spell.

课型：语音教学。

年级：四年级。

【教材分析】

本课内容为PEP小学英语四年级上册 Unit 6 Meet my family！A Let's spell。本单元的话题为家庭成员与职业，教学内容与学生的实际生活紧密相连。本课是语音课，主要是复习前面五个单元关于5个元音字母在开音节中的发音。我以Amy一家六口人来引入，通过介绍Amy一家的家庭成员，归纳了元音字母在开、闭音节中的不同发音。再带入我的"管家"，一只可爱的猫，来讲授一首chant，为后面的唱诵扫清障碍。

【学情分析】

四年级学生经过一年的英语学习，已经有了一定的语音基础。这个年龄的学生活泼好动，好表现自己，能够听懂简单的话语和录音资料，能够在课堂活动中进行简单的问答，能够按照简单的指令要求做出适当的反应，能够在图片的帮助下读懂简单的小短文。通过前面几个单元的学习，对符合规律的单词能够见词就读。

【教学目标】

（1）能在课件和手势的帮助下，听懂课堂活动中的指令和提问。

（2）根据听到的内容识别和指认所学单词。

（3）在语音、词语与相应事物间建立联想，能正确书写字母和单词。

【教学重难点】

（1）教学重点：根据发音规律来读写单词。

（2）教学难点：区分各发音规律。

【教学工具】

希沃白板、教学头饰。

【教学过程】

Step 1. Pre-reading activitie

（1）Greetings.

T：Hello！Boys and girls！Would you like to give me a sweet smile?

OK！Thank you！

Today we're going to learn Unit 6 Meet my family！A Let's spell. First, let's listen to a song, try to follow it.

（设计意图：让学生对着老师微笑，确认一下眼神，轻松进入课堂）

（2）A song about Alphablocks.

（设计意图：热身环节以积木英语magic E导入，激发学生学习的兴趣，营造轻松有趣的课堂气氛。同时，歌曲的内容与课文的主题相吻合，为整节课做好铺垫）

（3）Free talk.（family members）

a .Talk about Amy's family.教师戴上头饰，扮演Amy介绍自己的家庭。

b .T：Do you want to know more about Miss Jiang？（PPT呈现 Miss Jiang的全家福）

T：Would you like to tell me something about your family？（有条件的可以让学生自带全家福）

...

（设计意图：复习旧知，激活背景，引出文本）

Step 2. While-reading activities

（1）Miss Jiang's house keeper.（The cat课本插图）

T： Today， we are going to meet a new friend. Look at the cat，what is he like？

Ss： He is cool！

T：Can you guess：What is his job？

Ss：...

T：He is my house keeper. He cooks food for us，he cleans my house...Look！

He makes a cake.It's really delicious！

What's on the cake？

Ss：...

T：Yes，a rose. And what colour is the rose？

Ss：...It's red.

T：A red rose on the cake.（领读、操练：大小声读，一个意群分一个组，

一组接一组读。如：第一组读A red rose，第二组读on the cake）

T：There is a cake on his right hand，and what's on his left hand?

Ss：...

T：A cup of milk.（跟读，操练）

（设计意图：看文本人物，逐个击破教学难点，激发学生学习兴趣）

（2）Listen to the chant.（播放Flash）

T：Now, let's listen to a chant and try to follow it.

（设计意图：整体感知）

（3）Read and imitate.

（点读PPT中的句子，让学生跟读模仿，句子用红笔标出连读、意群停顿和升降调；用不同颜色标出符合发音规律的字母。重点句型让个别同学朗读并纠正发音：He's got a cake and a cup of milk.）

> We like the cat!
> It's cute.It's cute.
> He's got a cake and a cup of milk.
> A rose on the cake!
> It's red.It's red.
> Cut the cake. Give me the cake.
> He likes cake. We like it,too!

（设计意图：通过吟唱歌谣的活动进一步巩固上述发音规则）

（4）Listen again, write and match.

T：Now, let's listen again, try to find out the words with the 5 vowels that pronounce short sounds and letter sounds.Write them down on page 60.

在此板书5个元音字母的发音规律。

（设计意图：帮助学生按照发音规则归类辨认词形，并拼写单词，通过读和写进一步巩固单词的音形对应关系，引导学生掌握单词拼写的技巧）

（5）Read, listen and circle.

（设计意图：通过认读和听力活动对比复习元音字母a, e, i, o, u的短音和a-e,

i-e, o-e, u-e, -e在单词中发长音的发音规则，强化音形对应关系）

（6）Play a game.

用希沃白板5的课堂活动，制作一个分组竞赛游戏。

（设计意图：通过游戏活跃课堂气氛，轻松巩固所学内容）

Step 3. Consolidation

Enjoy a story.

（设计意图：进一步巩固元音字母的发音规律，让学生在阅读中进一步巩固和运用所学的语音知识，走出文本，走进生活。通过故事，让学生体会家庭的温暖，告诉学生要做一个对家庭有担当、孝敬父母的人）

Step 4. Summary

（1）元音字母a，e，i，o，u发短音。

（2）a-e，i-e，o-e，u-e，-e在单词中发长音的发音规则。

Step 5. Homework

（1）Say the chant with your friends.

（2）Find more words including "a-e" "i-e" "o-e" "u-e" "-e".

（3）Try to retell the story.

【板书设计】

Unit 6 Meet my family！

A Let's spell

$$
\begin{vmatrix} a\text{-}e \\ a \end{vmatrix} \quad \begin{vmatrix} i\text{-}e \\ i \end{vmatrix} \quad \begin{vmatrix} o\text{-}e \\ o \end{vmatrix}
$$

$$
\begin{vmatrix} u\text{-}e \\ u \end{vmatrix} \quad \begin{vmatrix} \text{-}e \\ e \end{vmatrix}
$$

A Very Hungry Snake 绘本教学设计

普宁市流沙南街道后坛小学　罗　琼

【教学目标】

1. 知识目标

（1）复习巩固星期、颜色、水果单词。学习词汇：snake, triangle rice ball, pineapple, climbing。

（2）理解运用句型：It likes... It's... It eats... What happened?

2. 技能目标

（1）能理解并运用句型描述故事：It likes... It's... It eats...

（2）正确理解并有感情地朗读故事，发挥想象续编故事。

3. 情感目标

激发英语绘本阅读兴趣。

【教学重难点】

（1）教学重点：triangle的读音。

（2）教学难点：正确理解故事内容，会模仿创编故事。

【课前准备】

多媒体课件，单词、短语卡片，图片。

【教学过程】

Step **1**. Pre-reading

（1）Greetings.

T：Hello, boys and girls.

Ss：...

T：What day is it today?

（2）Leading-in导入。

T：Do you like animals?

Ss：...

T：I like cat. Because it's cute. What animal do you like?

Ss：...

T：Today we are going to read a picture book about an animal.

课件出示图片：Look, what is this? （教拼读snake）Do you like this snake? Why?

（3）猜书名：This is the cover of the book. Could you please watch carefully and guess the name of the book? So many ideas. Great!

Now, I will show you the name.It's ...（读，板书）

Step **2**. While-reading

（1）分片段学习。

① Monday片段

A：Let's enjoy Passage 1.Listen and answer：What dose it like? What day is it today? What dose it eat? Check out.

B：教学句型It likes... It's... It eats...（板书，操练）

② Tuesday片段

A：猜 T：What dose it eat? It eats...Look, a yellow banana.

It's Tuesday. It eats a yellow banana.（带读）

B：听故事—带读文本—操练：guess, what happened? （one by one）

③ Wednesday片段

A：猜 T：What dose it eat? It eats...Look， triangle rice ball. 操练triangle rice ball（one by one）。贴板书齐读：It eats a triangle rice ball.

B：听文本。

C：齐读：On Wednesday. It eats a triangle rice ball.

④ Thursday片段

A：引出purple grapes。学生自读，个人展示。

B：听文本，齐读文本。

C：On Thursday. It eats purple grapes. 个人展示。

⑤ Friday片段

A：引出pineapple purple grapes。学生自读，个人展示。

B：听文本，齐读文本。

C：On Friday. It eats purple grapes. 个人展示，齐读。

⑥ Saturday片段

A：引出apple tree，climbing。

B：听文本，学生齐读。

C：On Saturday. It eats an apple tree.

（2）整体欣赏故事。

听故事，齐读。

Step3. Post-reading

（1）小组合作，有感情地表演故事。

（2）思考故事内容：小蛇真的吃了那些东西吗？

（3）Homework：介绍作者，推荐其他英语绘本。

塔丰小学圣诞节活动方案

普宁市池尾街道塔丰小学 陈映灵

【设计方案】

2019年圣诞节如约而至。虽说这是一个西方人的节日，但随着中西文化交流的日益频繁，这一节日也越来越被中国人尤其是中国的青少年所喜爱。为了丰富我校学生的校园文化生活，促使学生通过活动了解西方节日文化，体验圣诞节的神秘与快乐，经学校研究决定，特举行圣诞节庆祝活动。

【活动目的】

（1）让学生了解有关圣诞节的知识。

（2）制造圣诞节狂欢的气氛，让学生感受学习西方文化知识的快乐。

【活动内容】

（1）以班级为单位开展联欢活动，活动以游艺类节目为主，穿插圣诞节、圣诞树、圣诞老人的传说、圣诞老人分发礼物等。

（2）由班主任发"家校通"联系家长委员会成员，请家长在平安夜（12月24日）给孩子准备小礼物。

【活动导入】

（1）孩子们，你们知道今天是什么节日吗？

（2）那么圣诞节的由来、习俗你们都知道吗？今天就让我们走进圣诞节去了解一下。

（3）引出主题："圣诞平安之夜"主题班会现在开始！

【活动过程】

1. 圣诞节知识问答

（1）每年的几月几日是耶稣诞生的日子？

（2）平安夜是哪一天？

（3）耶稣是在哪里出生的？

（4）西方的圣诞节和我们中国的什么节很相似？

（5）圣诞老人大家都耳熟能详吧，他的坐骑是什么呢？

（6）圣诞老人把圣诞礼物装在哪里送给小朋友的呢？

（7）"圣诞快乐"用英文怎么说？

（8）演唱歌曲 *We wish you a Merry Christmas*。

（9）圣诞节简介：

圣诞节（Christmas），西方传统节日，是每年的12月25日。圣诞节是一个宗教节，因为把它当作耶稣的诞辰来庆祝，故又名"耶诞节"。大部分的天主教教堂都会先在24日的平安夜，亦即12月25日凌晨举行子夜弥撒，而一些基督教教会则会举行报佳音，然后在12月25日庆祝圣诞节。

圣诞老人（西方国家神话传说人物）是一位专门为好孩子在圣诞节前夜送上礼物的神秘人物。传说每到12月24日晚上，有个神秘人会驾乘由9只驯鹿拉的雪橇，挨家挨户从烟囱进入屋里，然后偷偷把礼物放在好孩子床头的袜子里，或者堆在壁炉旁的圣诞树下。虽然没有人真的见过神秘人的样子，但是人们通常装扮成头戴红色圣诞帽子，大大的白色胡子，一身红色棉衣，脚穿红色靴子的样子，因为总在圣诞节前夜派发礼物，所以习惯地称他为"圣诞老人"。

2. 圣诞夜狂欢

（1）平安夜许愿。

（2）才艺大比拼。（表演优秀者可以奖励圣诞节小礼物）

（3）派发圣诞节礼物。

（4）合唱圣诞歌曲《铃儿响叮当》。

3. 师生交流情感

（1）今年圣诞节与往年有什么不同？（学生交流自己的感受）

（2）学生查看圣诞礼物。

【过程记录】

12月25日是西方的圣诞节，为了丰富校园文化生活，感受中西方不同的文化传统，池尾街道塔丰小学一至六年级的学生在各班英语老师的带领下举行庆祝活动，欢度圣诞节。同学们自编、自导、自演了许多精彩节目，活动井然有序，场面欢快热烈，充分展示了学生的风采和激情，体现出学校全面实施素质教育所取得的丰硕成果。

首先，在英语老师的帮助下，学习了有关圣诞节的由来及圣诞单词：Christmas（圣诞节），Father Christmas（圣诞老人），Christmas tree（圣诞树），Christmas present（圣诞礼物），Stocking（圣诞袜）和圣诞歌曲 *Jingle Bells*（《铃儿响叮当》）。

接下来，各班级有的唱起了圣诞歌曲 *We wish you a Merry Christmas* 和 *Jingle Bells*，有的表演了童话剧——《圣诞节的来历》，有的讲起了圣诞节的童话故事——《卖火柴的小女孩》，有的跳起了兔子舞，有的扮演圣诞老人把快乐带到了我们身边，校园里洋溢着浓郁的圣诞气氛。

学生个个兴高采烈，师生在欢快活泼的音乐声中手拉手围成圈，一起载歌载舞，将整个活动推向高潮。活动在师生们的欢歌笑语中落下了帷幕。本次活动给学生提供了一个学习交流和展现自我的平台，进一步激发了学生学习英语的兴趣。这是一个令人难忘的圣诞节。

第三辑

教育
随笔

我学习，我锻炼，我成长

普宁市流沙第二小学　陈贵妹

一提起教师，人们就会联想到学富五车的渊博和满腹经纶的深厚。确实，教师素质的高低直接影响着教育质量的优劣。正如古人所说，"名师"方能出"高徒"。而在当今知识急剧膨胀的信息时代，教师更要孜孜不倦，不断充实自己，练就过硬本领，才能成就精彩的教育人生！

2001年秋，中师毕业的我有幸分配到我的母校——流沙第二小学任教。初执教鞭，踌躇满志，站在三尺讲台上，面对几十双渴求知识的眼睛，我感受到"教师"这两个字的分量，心底萌生一个信念：全身心投入教育事业，努力学习，不断进取，做一名优秀教师。

可是，刚走上讲台的我，热情有余而经验不足。我还清晰地记得第一次上公开课的情景：由于未能吃透教材，教法运用不合理，上课时"为游戏而游戏"，以致教学任务没完成，一节课热闹异常，可学生收获甚少。正在我灰心丧气的时候，学校的领导、同事给予我鼓励，给予我帮助。时任学校教导主任——我小学的班主任吴老师告诉我："精湛的教学艺术都是磨炼出来的，没有随随便便就能成功的。"我牢记恩师教诲，潜心学习，苦练真功夫。我一遍又一遍地研读课程标准，一遍又一遍地阅读经验介绍，一遍又一遍地观摩名师的教学实录。一本本笔记本记录着我学习的足迹，一篇篇精心编制的教案在我的笔下诞生，一节节精彩的课汇报着我的成长。

就在我坚持不懈、一步一个脚印攀登教学艺术高峰的时候，2004年春，我大胆接受挑战，承担流沙西街道英语探索课。科组老师提出使用多媒体课件，可以使课堂更加生动形象。可当时的我对课件制作一无所知，想到学校领导的信任，想到锻炼机会来之不易，我毅然决定尝试制作课件。于是购买书籍，主动请教，从最简单的图片插入到音频资料的剪切再到Flash动画的制作，边学边用，结果探索课大获成功。此后，我多次承担各级公开课，在不断的学习锻炼中，逐步形成自己灵动高效的教学风格，2006年我荣获"揭阳市小学英语科教学能手"称号。

如果说自我学习、自我锻炼是实现自我成长的营养剂，那么外出学习、听课则是实现自我成长的催化剂。在流沙第二小学这个学习氛围浓厚的学校，领导总是为大家提供外出学习的机会。每次外出学习就是一次心灵的洗礼，聆听专家的讲座，观摩名师的课堂，犹如高密度、大容量的甘霖雨露润泽我的心田，"百家争鸣、百花齐放"的教育启迪让我享受了一场又一场华丽的视听盛宴，让我重新审视自己，厘清了思路，更新了观念。

如今，在课改的关键时期，我努力使自己从经验型、实干型教师转化为科研型教师。我主持的课题正在进行，我与课题组成员勇于探索、勤于实践，我们信心满满，相信我们的实验将硕果累累。由于善于反思教学的成功与不足，形成理论经验，我撰写的论文、教学案例多次获奖或发表于国家级、市级期刊上。

弹指一挥间，十几年的岁月就在绘声绘色的讲课声中，就在埋头批改作业的笔尖中，就在上课铃与下课铃的交替声中滑过。一位名人说得好，生活的目的，不在于炫耀和享受，而在于精神上的充实和事业上的成功。回想自己一路走来，如果没有一点一滴的积累，没有深刻的思考，没有良师益友的指导，没有学校的精心培养，又何来真正意义上的成长？

只有练就过硬本领，才能无愧于我们的教育人生。我学习，我锻炼，我成长！为了祖国的未来，为了普宁教育的蓬勃发展，让我们一起努力吧！

校园安全　幸福万家

普宁市流沙第二小学　陈贵妹

也许有人会认为，安全是一个老生常谈的话题，不值得反反复复地唠叨；而我却要说，安全是我们每一个人必须常常放在心中默念的主题。作为一名教育工作者，我认为校园安全直接关系着学生的安全，关系着每一个家庭的幸福，关系着整个社会的稳定！让学生健康快乐地成长是我们教师义不容辞的职责。

据统计，全国中小学生每年非正常死亡人数达到1.6万人，也就是说，平均每天有40多名中小学生死于非命。如2017年3月21日，河源市3名学生溺亡；4月23日，清远市3名学生溺亡；5月5日，一天之间潮州共发生三宗学生溺水事故，4名学生均溺亡……此外，因拥挤踩踏、食物中毒、校园欺凌、交通事故等引发的学生伤亡也时有发生。

面对一个个触目惊心的案例，面对一个个血泪交织的悲剧，能不令我们扼腕叹息、痛心疾首吗？只因为忽视了安全问题，一个个如鲜花般的生命在瞬间凋零，留给家人、朋友的是无尽的哀伤……试想，失去了孩子，他们的家庭还有未来吗？

有专家认为，通过教育和预防，80%的意外伤害事故是可以避免的，这就要求学校对安全教育不仅要有足够的认识，更要有得力的措施，防患于未然。就像流沙第二小学拥有4000多名学生，学校一直把安全管理作为头等大事来抓，安全知识讲座、安全演练、安全主题班会长抓不懈。针对学生人数多，校园拥挤的实际情况，学校专门研究制定了《流沙二小学生上放学安全管理办法》，特别对特殊天气的放学管理做出应急预案。大家想想，一旦出现恶劣天气，如果4000多名学生同时冒雨涌出校门，那会犹如决堤之水，一发不可收拾！只要有一个学生因路滑不小心摔倒，后面的人根本收不住脚，众多的踩踏事故就是这样发生的……可你不必担心，在流沙二小，师生们都训练有素，当分级放学时，由各年级领导分头带队，各班级老师分班管理，学生不拥挤，不抢道，听广播，分班级，排好队，跟着学校领导和老师有序地走出校门，平安地回到家中。送完学生，每每领导和老师们都浑身湿透，但大家都会舒心地笑着。那笑意里满是自豪和骄傲！是啊，老师时时刻刻把学生的安危放在心头，老师日日夜夜把安全的责任挑在肩上。因为，他们是护花使者，他们是每一个天使的保护神，他们是重担在肩的人民教师！

可是，老师不是神仙，不能幻化出千万个金身，不能分分秒秒守护在每个学生的身边，他们能做的是培养学生的安全意识，教给学生自救的本领，让学生成为自己的守护神。这仅靠学校教育还不够，还需要家庭、社会的重视。特别是家长必须支持配合学校做好对学生的安全教育和管理工作。比如，夏天来临，家长不能让孩子独自一人或与小伙伴结伴到户外游泳。万一遇到同伴溺水，请告诉孩子千万不能手拉手施救，应及时向大人呼救并拨打110。如果家长与孩子一起外出，请一定以身作则，严守交通规则。此外，火海逃生、安全文明上网、防拐骗、防食物中毒等安全知识，也请家长不厌其烦地与孩子反复强调。家长朋友们，请你与学校携起手来，为学生的健康成长保驾护航！

"校园安全，幸福万家。"朋友们，每天都是一个新的开始，每天都是一个新的起点，为了自己和家人的幸福安康，让我们时时讲安全、处处讲安全、事事讲安全，弘扬"励精图治，安全发展"的安全生产工作精神，用我们的爱与责任构筑生命的防护墙！

来自星星的你，一样光芒四射

普宁市流沙第二小学　陈贵妹

2015年新学期伊始，我与合班同事被告知我们六（3）班有位特殊的学生，一个"来自星星的孩子"——患有自闭症的李同学。我国第一位创办自闭症儿童教育机构的践行者田惠萍老师讲过："当我们遇到一个自闭症孩子，就是对我们人性提出最大的挑战。"我与同事都是有着高度责任心的教师，我们要接受挑战！

通过与五年级任课老师的交流，我了解到李同学活泼好动，但表达能力差，上课的时候很难一直安静坐着，会发出一些声音影响到其他同学，甚至会跑出教室，去敲打其他班级的门窗。所幸他没有攻击性，并且在音乐、计算、推算日期、机械记忆和背诵等方面有超常表现。

我们要做的第一件事就是让班上同学接纳李同学，不孤立他，让他到班级接受融合教育。我向全班学生介绍李同学的情况，希望同学们在上课时能主动带着李同学一起学习，下课能与李同学一起玩耍，不把李同学当成特别的人孤立出去。六（3）班的孩子很有爱心，他们不仅带动了李同学，同时自身也获得了成长。

接着我主要是依据学习原理和儿童发展的原则，建立教育矫治的策略，通过其家长的参与，帮助李同学学习适当的行为并消除不适当的行为，以便进一步使其在自理能力、自发交流、社交和学习技能方面得以改善。一开始，通过观察我发现他希望与人交流，但是却表达不出来，他可能是听到了我的话，却无从中提取出有用的信息。我决定暂时不使用语言与李同学进行交流，只用目光表达我的意思。在他拿起笔乱画同学的书本时，我的目光会变得严厉，看着他，一直看着他，直到他把笔放下，我再静静地拿起橡皮擦递给他示意把书擦干净。这一方法很奏效。只要他改正了错误，我就会送给他一张写着"你真棒"的小书签。慢慢地，李同学能读懂我的眼神。但有一次，他乱扔纸团，我示意他捡起来时，他极不配合，只能与其家长取得联系，让家长协助解决。之后李同学的很多不良行为都是在家校双方的默契配合下矫正过来的。

我深知面对自闭症孩子时，我们要做的不是百米冲刺而是一场马拉松，需要慢慢地陪着孩子到达终点。在课堂上，李同学没办法整节课坐下来，但音乐课例外，只要是音乐课，李同学都会乖乖地坐在教室里，大声地歌唱。抓住他爱听音乐的特点，我利用下课时间让李同学到办公室里观看Phonics Song，这首节奏明快、画面活泼的动画歌曲，立刻吸引了他的注意力。通过观看视频，李同学在一周不到的时间里学会了26个英文字母。我奖给他一本英语练习本，他拿起本子回我一个灿烂的笑容。后来我给他制作了一份字母卡片，他每天都会按A至Z的顺序摆好，并学习每张卡片里的单词。他每天的小进步都让我感到无比自豪。

现在的李同学已经懂得与我们做简单的交流了。他会告诉我打雷下雨了，会告诉我他嘴巴长泡了，还会告诉我班里很多同学的姓名与性别。他可以和同学们一起排队去体检，并能听懂体检医生的指示，顺利完成体检。圣诞节时我利用一节课时间给学生开了个派对，李同学在派对上与同学们一起唱歌，一起玩抢椅子游戏，一起哈哈大笑……

当他第一次开口叫我"陈老师"时，当他第一次给我端茶时，当他第一次懂得放学回家前要与我说Goodbye时，我心里有说不出的感动。李同学家长对我们老师的感激之情更是无以言表。面对自闭症儿童时，我们应该抱有最大的耐心和包容，让严与爱并行，让"来自星星的孩子"都能光芒四射！

北京研修心得

普宁市池尾街道塔丰小学　陈映灵

为全面提升揭阳市小学教育质量与水平，由北京师范大学组织专家教授和一线名校长、名教师对揭阳市小学名教师培养对象进行高级研修培训。通过理论讲座、实践研修、跟岗学习等方式，提升揭阳市小学名教师培养对象的专业素质和教育教学能力。现在谈谈我的研修心得。

9月14日上午是权江红老师的活动课。她通过大风吹、小风吹、摆身体造型、听音乐画图、小组交流等形式，让学员们在游戏中互相认识、互相交流、促进了解，现场气氛活跃，笑声连连，让我们一下子就抱成了一团，建构了学习共同体，培育了我们的阳光心态，提升了工作的价值感。

9月14日下午，杨明全教授举行"文献综述的撰写"讲座，他博古通今，从文献研究的价值、文献综述的目的与格式、对文献的归纳总结、文献研究的特点与局限四个方面详细讲解，让我们受益匪浅。我懂得了文献综述需在全面收集、阅读大量的有关研究文献的基础上，经过归纳整理、分析鉴别，对所研究的问题（学科、专题）在一定时期内已经取得的研究成果、存在的问题以及新的发展趋势等进行系统、全面的叙述和评论，也懂得了文献综述的格式相对多样，但总的来说，一般都包含四部分，即前言、主体、总结和参考文献，如果投稿发表，还要加摘要、关键词。在写作时特别要肯定前人为该领域研究打下的研究基础；同时要说清前人研究的不足，衬托出做进一步研究的必要性和理论价值，最后还要提出自己的建议。在对比中，我发现自己在普宁市教育教学论文获得一等奖的《浅谈思维导图在小学英语教学中的运用》论文中有一个小问题，即参考文献中作者的排名没按照首字母来排列。

9月15日上午是台湾邱馨仪校长带来的"台湾名师工作室带团队的经验分享"。她强调卓越主持人、优秀学员群和先进团队文化等基本要素，特别是教育情怀、独立精神和精湛技艺三者构成名师工作室主持人的基本素质。我联想到了我的普宁英语名教师工作室和我所带领的普宁市池尾街道塔丰小学，在2015—2016学年度、2017—2018学年度被评为"普宁市先进科组"，一路走来，有明确目标和管理制度的研训组织，融自主性、实践性与研究性为一体，探索个体与团队共同发展的新机制，优秀教师间合作互动、培养人才、打造品牌，为教师专业发展创造了良好的环境，我们用理论指导实践，苦练教学基本功，从课堂教学的组织、方法的优化、情境的创设等方面做了大量的尝试，特别关注学生学习方式，优化课堂教学方法，注重学生兴趣和良好的学习习惯的培养。我们相互学习、博采众长，不断探索总结教学规律，力求探寻更好的小学英语教学模式以提高教学质量和学生综合运用英语的能力。教育因为有了我们的努力而变得更加美好。

9月15日晚上林长山教研员为我们带来了《清华大学附属小学成志教育视野下的课程深化改革与教学变革》。我对他所讲的课程内容深度整合特别感兴趣，它穿越学科边界，在学科属性相通、学习规律及学习方式相融的情况下，将不同学科间学科的概念、内容和活动等整合在一起，在学科融合中达成核心素养，融合式整合强调学科的独特属性和学科内在价值，充分挖掘学科内在的逻辑、关联，使之更好地发挥渗透式整合，超越学科边界。将学生的学科核心素养育人的功能，超学科学习与其社会生活、实践打通，在实际生活情境下提升儿童消弭式整合发现问题、解决问题的综合实践创新能力。

9月16日上午，李明新教授给我们带来了《没有研究，就没有专业成长》。他从问题与课题的区别开始讲起，让我们知道课题需要研究，它来自问题，是对问题的科研表述与科学研究，它是可以检测的。通过学习，我知道了要深入学习资料可以通过资料查询、资料学习、信息加工等来实现，懂得了进行资料查询的目的，在可以查询哪些方面、怎么进行资料学习、怎么继续研究等方面受益匪浅。

9月16日下午，高金英老师的《静心教书寻找成功秘诀　潜心育人不断超越自己》，让我感觉到世界正在翻页，现在是转型年代，效率与公平的博弈，工作与生活的冲突，充盈在社会的每一个角落，都会遭遇理想与现实的碰撞，都要承受各种压力和考验。作为老师要转变观念，比学生要更善学，教师的能力、人格、价值观表现为以人为本、时代精神、平等合作、为人师表，要强化学生的主体意识，做学生成长的引路人，为学生发展创造良好的环境，把学生看作拥有一切人的尊严的完整的生命体来对待，践行"学为人师，行为世范"。

9月18日晚上，王雁教授的《问卷设计与访谈技巧》让我懂得了问题产生的结果解释起来是没有歧义的，题目的范围界限要清晰，忌在一次调查中做许许多多的事，问卷的核心应是"提问"；访谈时要充分熟悉访谈问卷的内容，主要精力放在倾听对方谈话、观察对方的行为表现、思考对方的谈话内容、追问和记录上。

9月20日晚上，马建生教授的《研究问题的确定》诙谐有趣，新鲜得难能可贵，给我留下深刻印象。马教授讲课，并不在意自己讲什么，他侧重的是思维的快乐。在具体课题的确定时，有许多因素、情况或现象会溢出理论之外。

本次的研修学习，我感触良多，北京师范大学的教授和老师们的精心准备，为我们带来了丰富生动的培训内容，我每天的感觉是幸福而充实的，不仅有机会与专家们进行面对面、零距离的交流，开阔视野、增长知识、丰富思想，而且每天听到不同类型的讲座，每天都能感受到思想火花的撞击，耳濡目染的东西很多，走进教授们的心灵世界，感叹于他们思维的敏捷，语言的风趣丰满，教育视角的独特，教育经验的丰富。我深深感到：这是一次启迪智慧、涤荡心灵、终生难忘的学习之旅。采他人之长为我所用需要一个消化的过程，这个过程也许有点漫长，但作为一线教师的我会朝着这个目标去努力！

越努力，越幸运之Lucky Box

普宁市流沙南街道后坛小学　罗　琼

作为一名农村小学英语教师，深知小学阶段英语教学的目的是激发学生学习英语的兴趣，培养学生学习英语的积极性，使他们树立学习英语的自信心，同时培养学生一定的语感和良好的语音、语调，为其进一步学习打下基础。

初接手这一届学生，倍感郁闷。大部分学生课堂上不开口，任我在讲台上说得天花乱坠、慷慨激昂，无论怎么鼓励，下面回应的学生总是寥寥无几，课堂气氛非常沉闷。

我反思：问题出在哪里？是我课堂做的铺垫不够，没引导好？还是我给学生的输入量不足，导致学生不会输出？或是学习内容真的太难，留给学生思考的时间不够？又或者是这届学生基础太差？通过近一个月的观察和了解，我发现：确实有一部分学生是因为基础差，跟不上；有一部分学生是害羞，不够自信，不敢开口说英语；还有一部分学生是因为不肯开口，觉得课堂上说不说没啥差别。

根据以上问题，我精心设计课堂上的每个环节和内容，要求学生回答的问题有难有易，注重新课前的引导，并尽可能多加鼓励。我还设计了Lucky Box环节，即每节课有回答问题且正确的学生，课后都能得到一张lucky paper，写上自己的姓名（或号数），再把它投进事先设计好的Lucky Box，积累一个星期后抽奖，抽出5名幸运儿，发奖品并和老师合照，一周一次。我鼓励学生：越努力，越幸运——投进的纸条越多，被抽中的机会越大！

一开始实施便收到良好的效果，很多学生都争着举手回答问题，原来那些不敢说或不肯说的学生也都积极起来，连很多基础较差的学生都大胆尝试。不只是课堂气氛活跃了，为了能正确回答我的问题，赢得lucky paper，很多学生听课都听得特别认真，生怕错过任何一个机会。每节课，学生在轻松、活跃的气氛中，积极、主动地参与到学习中来，并自然、轻松地获得新知。

马丽容在《教师应如何保护和吸引孩子求知的好奇心浅析》一文中提道：教育的关键要通过精心设计载体，加强身心引导，调动和激发学生学习的积极性与求知欲，让学生主动地学习、主动地发展。我的Lucky Box 的做法不正符合这一新的教育理念吗？

我始终相信：越努力，越幸运。

利用游戏进行辅助教学

普宁市流沙南街道后坛小学 罗 琼

在英语教学过程中，为了培养学生的学习兴趣，教师经常要绞尽脑汁利用游戏进行辅助教学。课堂上唱唱跳跳、说说演演，形式新颖，十分热闹，学生们在快乐中接受教师预设的价值取向。但时间一久发现：很多学生最初的学习热情急剧下降，原有的兴趣逐渐减弱。课前教师不遗余力地精心设计组织来激发学生兴趣，课上学生走来走去，又是叫又是跑，直接影响教师的教学流程，教学环节流于形式。

我觉得小学英语教学是要重视培养兴趣，但不能单靠说说唱唱玩玩。因为培养兴趣主要是为了学习英语，游戏应成为小学生学习英语语言知识的手段。因此，我们激发学生学习兴趣的过程，不能只停留在课堂外表的"活""乐""玩"中。我们注重学科自身，从学得后的胜利体验来滋长兴趣，挖掘学生学习的内驱力。

不学习语言规则，不掌握相当的词汇，英语的应用能力就是空中楼阁。我体会到：语言知识自身具有的魅力，才是学生耐久学习的驱动力，才是取之不尽、用之不竭的能源。为此，我认为游戏作为协助学生学好英语的一种有效教学形式，要真正发挥其辅助教学的功能，达到寓教于乐的目的。

在游戏教学过程中，不可回避的是如何对待优中差生。我设计游戏注重面向全体学生，难度适中，让大家都参与。首先，我根据个人素质、性格特点、记忆力、反应速度等，在心中把全班分成三组，因材施教，分层要求，以最有效的激励机制促进学生上进。在激发他们主动参与亲身实践中，培养他们的独立思考和合作探究的创新精神、实践能力，无形中调动学生的言语资料库。在实践中他们学会自我评价，由此生发的成就感又转化为无穷无尽的学习后劲。其次，还要做好游戏的组织工作，做到有条不紊、活而不乱。小学生天性爱游戏，争强好胜，有些学生做起来容易忘乎所以，甚至在课堂上都会情不自禁地高声喊。因此，在开始游戏之前要讲清楚规则、纪律要求、评分规范，防患于未然。在游戏过程中即使出现一些混乱，教师也要理解学生的心理，不能一味批评，而要积极引导。最后，要精心设计游戏，布置合理的真实情境。

游戏在精，而不在多。我认为不能力求面面俱到，游戏过多而忽略了主要教学内容的讲授和训练，显然会喧宾夺主，课堂成了游戏娱乐课，反而得不偿失。

让课堂口语评价成为一种习惯

普宁市流沙南街道后坛小学 罗 琼

爱因斯坦曾说："如果把学生的热情激发起来了，那学校所规定的功课，会被当作一种礼物来接受。"同理，如果学生对评价感兴趣，那么评价以及使用了评价的英语学习，会成为学生乐于接受的礼物。

爱因斯坦到底有没有说过这句话姑且不论，但这句话所透露出来的道理是有意思的。那么，怎样才能使学生对我们的评价手段感兴趣呢？我认为，英语除了是沟通的工具，在学校，在课堂上，还可以用来"显摆"。"显摆"绝对是小朋友们的一大"刚需"，而英语是用来"显摆"的最好工具之一。

要客观评价学生的英语能力，最终需要体现在文字的输出和口头的表达上。以我的课堂实践为例，从小学四到六年级，课前5分钟是学生的口语表达时间，展示内容在不同的年级有难度的变化，从自我介绍，谈论天气、日期，到介绍每天的活动，再到诗歌、篇章朗诵，等等。

印象比较深刻的是五年级的一个腼腆小男生，从刚开始的闭口不说，到小声地尝试，再到大声自信地应答，我见证了他的蜕变过程，相信他正朝着走遍全球的梦想继续前进着。

当学生在台上展示自己说的能力的时候，其他同学要做好互评的准备，养成良好的评价习惯。

（1）认真听他人的发言，为发表自己的评论做准备。

（2）如何让自己的意见建议为他人所接受，是一门值得修炼的学问。学生在同伴互评的过程中学习给出中肯、客观的意见。

　　课堂上如果只有教师一个人的声音，曲高和寡，学生便少了主动的思考和积极的参与。反之，学生有机会发出自己的声音，并得到老师和同学的肯定，收获了成就感，相信他们会更自信地使用英语这门工具获取信息，并将其用于有意义的交流。